Mein erster
Reiseführer

Mein Name: ..............................

Meine Adresse: ..........................

........................................

........................................

Ich bin im Urlaub vom ......... bis .........

Ich fahre in die Ferien mit: ..................................

........................................................

........................................................

Meine Ferienadresse: .........................................

........................................................

........................................................

Das möchte ich machen: .......................................

........................................................

........................................................

Mein erster Reiseführer

# Dänemark

Text von Ilka Sokolowski und Claudia Toll
mit Illustrationen von Astrid Vohwinkel

BELTZ
& Gelberg

# Inhalt

## Entdeckungsreisen



## Routen und Ausflüge



## Notizen

## Land und Leute



## Spiel und Spaß

# Koffer packen...

Damit du in deinen Ferien alles Wichtige dabeihast, kannst du hier abhaken, was du eingepackt hast:

- [ ] Jacken
- [ ] Rock / Kleid
- [ ] Hosen
- [ ] Pullover
- [ ] T-Shirts
- [ ] Socken
- [ ] Unterwäsche
- [ ] Schlafanzug
- [ ] Shorts
- [ ] Schuhe / Sandalen
- [ ] Halstuch / Schal
- [ ] Kopftuch / Mütze
- [ ] Badesachen
- [ ] Badetuch
- [ ] Taucherbrille
- [ ] Sonnencreme
- [ ] Sonnenbrille
- [ ] Frisbee
- [ ] Seife
- [ ] Hautcreme
- [ ] Bücher
- [ ] Rucksack

- [ ] MP3- oder CD-Player
- [ ] Hämmerchen und Meißel (für die Fossiliensuche)
- [ ] Taschenlampe
- [ ] Pflaster
- [ ] Stifte
- [ ] Schere
- [ ] Papier
- [ ] Kleber

Was noch unbedingt mitmuss:

..............................

..............................

..............................

..............................

Was noch vorm Urlaub zu erledigen ist:

..............................

..............................

..............................

..............................

..............................

# Wem willst du schreiben?

Hier kannst du Adressen von Freunden und Verwandten eintragen.

Name: ......................

.........................

Straße: ....................

PLZ/Ort: ...................

Land: ......................

E-Mail: ....................

Name: ......................

.........................

Straße: ....................

PLZ/Ort: ...................

Land: ......................

E-Mail: ....................

Name: ......................

.........................

Straße: ....................

PLZ/Ort: ...................

Land: ......................

E-Mail: ....................

Name: ......................

.........................

Straße: ....................

PLZ/Ort: ...................

Land: ......................

E-Mail: ....................

Name: ....................

..........................

Straße: ..................

PLZ /Ort: ................

Land: ....................

E-Mail: ..................

Name: ....................

..........................

Straße: ..................

PLZ /Ort: ................

Land: ....................

E-Mail: ..................

Name: ....................

..........................

Straße: ..................

PLZ /Ort: ................

Land: ....................

E-Mail: ..................

Name: ....................

..........................

Straße: ..................

PLZ /Ort: ................

Land: ....................

E-Mail: ..................

# Dänemark auf einen Blick

SCHWEDEN
attegat
nholt
Tommerup
sted
Helsingør
Humlebæk
Hillerød
Eskilstrup
Øresund
lbæk
Gladsakse
Kopenhagen
Roskilde
Malmö
Lejre
Kastrup-
Tårnby
Ishøj
Øresundbrücke
eeland
E20
rø
E47
E55
Trelleborg
strup
Fakse
æstved
Ulvshale
Vordingborg
Møns Klint
Møn
Eskilstrup
ing
Nykøbing
Falster
Gedser
Gedser Odde
Rügen
Allinge
Helligdommen
Østerlars
Rønne
Brændesgårdshaven
Bornholm
Snogebæk

# Hier ist viel los!

Hier kannst du ankreuzen, was du alles gesehen hast.

- **Seeland:** Øresundbrücke ☐, Versuchscenter Lejre ☐, Roskilde ☐, Wikingerschiffsmuseum in Roskilde ☐, Kalkbruch bei Fakse ☐, Schloss Kronborg bei Helsingør ☐, Technisches Museum bei Helsingør ☐, BonBon-Land in Holme-Olstrup ☐

- **Kopenhagen:** Rathausturm ☐, Drachenbrunnen ☐, Strøget ☐, Runder Turm ☐, Storchenbrunnen ☐, Guinness World of Records Museum ☐, Nyhavn ☐, Schloss Amalienborg ☐, Schloss Rosenborg ☐, Schloss Christiansborg ☐, Kindermuseum im Nationalmuseum ☐, Tivoli ☐, Kleine Meerjungfrau ☐, Christiania ☐

- **Fünen, Langeland und Æro:**
Fünen: Valdemars Slot ☐, Aarup ☐; Langeland: Rudkøbing ☐; Æro: Steilküste von Voderup ☐, Ærøskøbing ☐

- **Odense:** H. C. Andersen Barndomshejm ☐, H.-C.-Andersen-Denkmal ☐, Sct.-Knuds-Kirche ☐, Fyrtøjet ☐, H. C. Andersen Hus ☐, Zoo Odense ☐, Den Fynske Landsby ☐

- **Lolland, Falster und Møn:**
Falster: Krokodilzoo in Eskiltrup ☐, Sundkøbing ☐; Lolland: Kong Svends Høj ☐, Knuthenborg Safari Park ☐; Møn: Møns Klint ☐

- **Rømø:** Naturcenter Tønnisgård ☐, Rømø-Ranch ☐, Islandpferde-center in Kommandøgården ☐, Sommerland Syd ☐, Freizeitcenter Skærbæk ☐, Hjemstedt Oldtidspark ☐

- **Ribe:** Dom, Grønnegade ☐, Fiskergade ☐, Sturmflutsäule ☐, Hafen ☐, Wikingercentrum ☐, Wikingermuseum ☐

- **Legoland:** ☐

- **Der Limfjord:** Aalborg: Tivoliland ☐, Zoo ☐; Lindholm Høje ☐, Küstencenter Thyborøn ☐, Muschelhaus in Thyborøn ☐, Nykøbing ☐, Jesperhus Blomsterpark ☐, Museum in Nederby (Fur) ☐, Mønsted Kalkgruber ☐, Naturschutzgebiet Hjerl Hede ☐

- **Nordjütland:** Bunken Strand ☐, Råbjerg Mile ☐, Grenen ☐, Sandmilen ☐, Bärenmuseum in Skagen ☐, Uggerby Å ☐, Fårup Sommerland ☐, Nordseemuseum in Hirtshals ☐

- **Århus:** Rathausturm ☐, Kunstmuseum ARoS ☐, Stc. Clemens Kirke ☐, Museum der Kindheit ☐, Steno Museum ☐, Den Gamle By ☐, Tivoli Friheden ☐, Schloss Marselisborg ☐, Moesgard Museum ☐

- **Bornholm:** Rønne ☐, Brogårdstenen ☐, Hammershus ☐, Mittelalter-center in Rågelundsgård ☐, Joboland ☐, Heiligtumsklippe ☐, Rundkirche von Østerlars ☐

# Alles über Dänemark

Dänemark ist nicht sehr groß: Mit seinen etwa 43 000 Quadratkilometern passt es ungefähr acht Mal auf die Fläche von Deutschland. 5,3 Millionen Menschen leben hier, rund eine halbe Million wohnt davon in der Hauptstadt Kopenhagen.

**Königreich und Demokratie**

Königin Margrethe II. ist das Staatsoberhaupt von Dänemark, so wie bei uns der Bundespräsident. Die Gesetze macht zwar das Parlament, aber die Königin repräsentiert den Staat, vor allem bei Staatsbesuchen. Sie ist beim Volk sehr beliebt.

**Der Dannebrog**

Rot und Weiß sind die dänischen Nationalfarben. Die dänische Nationalflagge, rot mit weißem Kreuz, heißt Dannebrog.

Die dänische Fahne: der Dannebrog.

**Wind, Wasser und Eis ...**

... haben das Land geformt. Vor allem an Jütlands Ostküste sind die Spuren der letzten Eiszeit noch gut zu sehen: Die Fjorde sind Gletscherrinnen, die das Meer überflutet hat. Die Gletscher haben außerdem riesige Felsbrocken glatt geschliffen und mitgetragen. Sie liegen noch heute an dem Ort, wo sie einst abgelegt wurden. Diese großen Steine werden Findlinge genannt.

**Das grüne Land**

Grönland oder Grønland, wie es auf Dänisch heißt, gehört zu Dänemark und ist die größte Insel der Erde: Sie misst 2 175 600 Quadratkilometer! Wenn man die vielen kleinen Inseln vor den Küsten noch dazurechnet, sind es sogar noch einmal 44 800 Quadratkilometer mehr. Damit ist Grönland 52-mal so groß wie Dänemark! Die offiziellen Sprachen sind Dänisch und Westgrönländisch; das ist die Sprache der Inuit, der

Auf den Färöer-Inseln leben nur wenige Menschen.

***Katzensprung zum Meer***

*Kein Ort in Dänemark ist weiter als 50 Kilometer von der Nord- oder Ostsee entfernt. Nur die Färöer-Inseln und Grönland, die ebenfalls zu Dänemark gehören, liegen weit draußen im Nordatlantik.*

Bewohner Grönlands. Viele sagen auch Eskimo, das heißt übersetzt so viel wie „Rohfleischesser". Grönland wurde um 857 von dem norwegischen Wikinger Gunnbjørn entdeckt. Erich der Rote, ebenfalls Norweger, nahm die Insel um 982 in Besitz und nannte sie „Grünland". Die Küstengebiete sind eisfrei, voller Felsen, Wiesen und Weiden. Daher der Name. Grönland gehörte ursprünglich also zu Norwegen, das jedoch 1380 an Dänemark fiel. 1814 trennten sich Norwegen und Dänemark wieder und Grönland blieb ein Teil von Dänemark.

**Sturm auf den Färöer Inseln**

Auch das ist Dänemark: 25 sturmumtoste Felseninseln weit draußen im Nordatlantik, zwischen Island und Schottland, außerdem noch zahlreiche kleinere Inselchen, die Schären. Auf den Färöer-Inseln, den „Schafinseln", wie sie auf Färöisch heißen, regnet es an 280 Tagen im Jahr. Es gibt Wiesen, Moore, Heiden, viele Schafe, aber nur wenige Menschen:

Auf den 17 bewohnten Inseln sind nur 45 300 Färinger zu Hause. Die ersten Siedler waren keltische Mönche. Um das Jahr 800 ließen sich norwegische Wikinger auf den Inseln nieder. Wie Grönland blieben auch die Färöer nach 1814 ein Teil von Dänemark.

**Straße mit Wellengang**

Nach Dänemark ist sogar eine Meerestraße benannt: Die Dänemarkstraße ist rund 300 Kilometer breit und liegt zwischen Grönland und Island.

**Saustark!**

Husumer Protestschweine sind besondere Schweine. Nordfriesische Dänen haben sie Anfang des 19. Jahrhunderts gezüchtet. Der Grund war einfach: Es war ihnen auf deutschem Gebiet verboten, den Dannebrog zu hissen. Die Schweinerasse, die sie züchteten, hatte ein rötliches Fell und einen weißen Streifen quer über der Schulter. Entfernt erinnerte diese Zeichnung an den Dannebrog.

# Das ist wichtig in Dänemark

**Krone statt Euro**
Dänemark ist zwar in der Europäischen Union, hat aber seine eigene Währung behalten. Hier wird mit Kronen bezahlt. Ein Euro entspricht zurzeit etwa 7,40 Dänischen Kronen (DKK).

***Einfach anklicken***
*Hier sind jede Menge Informationen zusammengestellt: www.visitdenmark.dk, http://media.denmark.dk/kids/index.html*

**Flagge zeigen? Lieber nicht!**
Der Dannebrog wird überall gern gehisst – fremde Flaggen sind nicht so gerne gesehen!

**Wann haben die Läden geöffnet?**
Meistens von 9 bis 17.30 oder von 10 bis 18 Uhr. Donnerstags und freitags sind viele Geschäfte länger geöffnet, am Samstag dagegen oft nur bis 14 Uhr. In Kopenhagen gibt es auch verkaufsoffene Sonntage. Achtung: In Kleinstädten schließen die Läden manchmal auch über Mittag.

# Gefahr aus dem Norden: die Wikinger

Ganz Europa zitterte in den Jahren von 700 bis 1100 vor einem Volk von Seefahrern und Kriegern aus dem Norden: Die Wikinger überfielen andere Länder, eroberten und plünderten sie. Sie waren aber auch erfolgreiche Händler, tauschten ihre Ware mit Fremden und drangen in Regionen vor, die bis dahin unerforscht waren – zum Beispiel nach Grönland.

**Woher kommt der Name „Wikinger?"**

Das Wort Wikinger geht zurück auf den altnordischen Begriff „vikingr". Das bedeutet so viel wie „rauben" oder „auf Beute sein". Von den Wikingern überfallene Städte durften manchmal wählen: Plünderung oder Tributzahlung! Wenn die Wikinger plünderten, schleppten sie alles weg, was einigermaßen von Wert war, und brannten den Rest nieder. Oft zahlten die Städte deshalb lieber Geld, um wenigstens von der Zerstörung verschont zu bleiben.

> **!**
>
> ***Sprechende Namen***
>
> *Einige Wikingerkönige hatten sehr eigenartige Namen. Sie verraten viel darüber, wie diese Männer aussahen oder was für ein Wesen sie hatten. Solche Namen waren zum Beispiel: Gorm der Alte, Harald Blauzahn, Sven Gabelbart, Knut der Große, Magnus der Gute. Diese Namen nennt man „sprechende" Namen.*

**Wilde Krieger**

Die Wikinger fuhren weit umher, sogar in den Mittelmeerraum bis ins italienische Sizilien. Dort waren sie auch als Normannen gefürchtet und wurden die „Nordmänner" genannt. Aber was brachte die Wikinger damals überhaupt dazu, ihre Heimat im hohen Norden zu verlassen? Vermutlich nicht nur der Wunsch nach Reichtum und Macht, sondern auch die Notwendigkeit, neues Land zu gewinnen. Die Bevölkerung wuchs ständig und in den dicht besiedelten Regionen wurde das Ackerland knapp. Also versuchten sie neues Land zu erobern und sich dort niederzulassen.

Die Wikinger waren Meister im Schiffsbau und überall gefürchtet.

**Ein Schiff für alle Fälle**

Ein typisches Wikingerschiff ist nicht nur für das Fahren auf Flüssen geeignet, sondern auch hochseetüchtig. Der Schiffsrumpf ist schlank – 20 bis 24 Meter lang und 3,5 bis 5 Meter breit – und hat einen Kiel, Spanten (das sind gebogene Holzteile, die den Rumpf stabilisieren) sowie eine Holzklinkerbeplankung. Der Mast, an dem das Rahsegel sitzt, kann umgelegt werden. 40 bis 80 Mann finden auf den Ruderbänken Platz. Auffälligstes Kennzeichen eines Wikingerschiffes sind jedoch die stark hochgezogenen Vor- und Achtersteven (vorne und hinten am Schiff), die häufig wie Drachenköpfe geformt sind. In ihrer nordeuropäischen Heimat betrieben die Wikinger vor allem Landwirtschaft und Viehzucht. Die Bauern lebten meist auf vereinzelten Höfen oder in kleinen Dörfern. Erst als im 9. Jahrhundert der Handel mit anderen Völkern ausgedehnt wurde, bildeten sich die ersten Städte.

**Götter und Kirchen**

Odin, Thor, Freya – so hießen einige der nordischen Götter, die von den Wikingern verehrt wurden. Tieropfer und andere blutige Rituale gehörten dazu. Erst um das 10. Jahrhundert herum setzte sich das Christentum durch. Im 11. und 12. Jahrhundert bauten die Wikinger dann einige der schönsten Holzkirchen Skandinaviens, die Stabkirchen. Viele sind heute noch zu besichtigen. Die Wände bestehen aus senkrecht in den Boden gerammten Pfosten. Sie bilden die Wände und stützen das Dach. Häufig sind die Pfosten mit vielen Schnitzereien verziert.

**Geheimnisvolles Haithabu**

Eine der bekanntesten Handelsniederlassungen der Wikinger lag an der Schlei. Dieser Fluss liegt etwa 3 Kilometer südlich der norddeutschen Stadt Schleswig. Haithabu leitet sich von dem altnordischen Wort „Haidaby" ab, was so viel heißt wie: Siedlung auf der Heide. Diese Wikingersiedlung gab es schon seit dem Jahr 750. Archäologische Funde lassen vermuten, dass Haithabu einer der wichtigsten Warenumschlagsplätze Nordeuropas war: Pelze aus Russland, Gewürze aus den Mittelmeerländern, Stoffe aus Konstantinopel und viele andere Luxusgüter trafen hier ein. Doch irgendwann um das Jahr 1000 herum ging es mit dem Handelszentrum der Wikinger bergab – warum, das weiß niemand so genau. Mit der Zeit geriet Haithabu in Vergessenheit, dafür gewann das nahe gelegene Schleswig an wirtschaftlicher Bedeutung.

# Seeland

Von der Insel Seeland aus geht es nach Schweden über die 7845 Meter lange Øresundbrücke und nach Fünen über die Storebæltbrücke. Seeland heißt im Dänischen „Sjælland".

**Auf zu den Wikingern!**
Wie haben die Menschen der Steinzeit, Eisenzeit oder Wikingerzeit gelebt? Im Versuchscenter Lejre kannst du das ausprobieren: Einbaum fahren, Holz hacken, Korn schroten, backen und kochen, Haustiere versorgen, Stoffe bearbeiten, in der Keramikwerkstatt arbeiten und vieles mehr. Geöffnet: Di.–Fr. 10–16, Sa.+So. 11–17 Uhr (Mai–Mitte Sept.), täglich 10–17 Uhr (Sommerferien), Tel.: 00 45 / 46 48 08 78

**Im Drachenboot**
Im Wikingerschiffsmuseum in Roskilde gibt es eine Menge über Seefahrt und Wikinger zu erfahren. Hier werden fünf Schiffe ausgestellt, die den prächtigen, früheren Kriegsschiffen nachgebaut wurden. Die Originalschiffe waren meisterlich gebaut: manche hatten eine Länge von 30 Metern und waren 3,80 Meter breit. Sie boten Platz für 70 Krieger. Eines fand man im Schlamm der Bucht vor diesem berühmten Museum.

Die Øresundbrücke führt von Dänemark nach Schweden.

Das Schiff stammte aus dem 11. Jahrhundert! Um die mehr als 50 000 Wrackteile und kleinsten Holzstücke zu erhalten, mussten diese feucht gehalten werden. Trockenheit hätte das Holz völlig verzogen.
Von Mai bis September stechen 5-mal täglich (nachgebaute) Wikingerboote in See. Geöffnet: täglich 9–17 Uhr (April–Oktober) und 10–17 Uhr (November–März), Tel.: 00 45 / 46 30 02 00

## Gräber im Dom

Roskilde ist eine der ältesten Städte Dänemarks, historisch belegt seit 998. Im Dom sind 38 dänische Könige und Königinnen begraben. Der Dom, gebaut um 1200, gehört, wie die Pyramiden, zum Weltkulturerbe. Zum Weltkulturerbe der Vereinten Nationen zählen Gebäude und Stätten der ganzen Welt, die von besonderem Wert sind und erhalten bleiben sollen.

## Hammer muss mit!

Ein Spaziergang auf dem Meeresboden? Das geht im Kalkbruch bei Fakse. Vor 63 Millionen Jahren war er noch von Wasser überflutet. In den Sommerferien finden täglich geführte Besichtigungen statt. Mit festen Schuhen, Hammer und Meißel geht es auf die Suche nach versteinerten Muscheln, Tintenfischschalen, Korallen oder Haifischzähnen. Versteinerungen heißen Fossilien. Das können Lebewesen sein oder Spuren von Lebewesen, die man in Steinen findet. Sie erzählen von der Geschichte des Lebens.

## Schloss und Gefängnis

Am Øresund bei Helsingør thront das berühmte Schloss Kronborg mit dem längsten Rittersaal des Nordens. Es wurde auf den Resten einer alten Burg errichtet und im 17. Jahrhundert zur stärksten Festung seiner Zeit

!

***Wer war Hamlet?***

*Der englische Dichter William Shakespeare (1564–1616) schrieb das Theaterstück: „Hamlet, Prinz von Dänemark". Hamlet war ein jütländischer Prinz. Shakespeare hat die Geschichte allerdings nach Schloss Kronborg bei Helsingør versetzt.*

Nasser Spaß im BonBon-Land.

ausgebaut. Die Kanonen stehen noch da, gerichtet auf die Küste gegenüber. Das ist schon Schweden. In den unterirdischen Gewölben des Schlosses, den Kasematten, schläft Holger Danske, eine Sagengestalt. Sollte Dänemark bedroht sein, erwacht er und zieht in den Kampf!

Geöffnet: 10.30–17 Uhr (März–Sept.), 11–16 (April–Okt.), 11–15 Uhr (Nov.–März), Mo. geschlossen (Jan.–April) www.ses.dk

**Einmal Pilot sein**

Wie es sich in einem Düsenjäger oder in einem Caravelle-Passagierflugzeug sitzt, kannst du im Technischen Museum in Helsingør testen. In den fünf riesigen Hallen sind Flugzeuge, aber auch Hubschrauber, Fahrräder, Autos, Dampfmaschinen, Werkstätten und Erfindungen zu sehen.

Geöffnet: Di.–So. 10–17 Uhr, www.teknisk-museum.dk

**Rasendes Wildschwein**

Das BonBon-Land in Holme-Olstrup ist einer der Vergnügungsparks von Seeland. Mit 60 verschiedenen Attraktionen geht's hier rund, zum Beispiel mit der irren Wildschwein-Achterbahn.

Geöffnet: Mo.–Fr. 9.30–17, Sa.+So. bis 20 Uhr (Mitte Mai–Ende Juni) Mo.–So. 9.30–20 Uhr (Ende Juni–Mitte Aug.), Mo.–Fr. 9.30–17, Sa.+So. bis 20 Uhr (Mitte bis Ende Aug.), Tel.: 00 45 / 55 53 07 00, www.bonbon.net

# Route 1: Kopenhagen

Kopenhagen ist seit 1416 königliche Residenz. Das dänische „København" bedeutet Kaufmannshafen, und schon früh war Kopenhagen eine bedeutende Handelsstadt. Viele Viertel und Häuser erinnern an diese Zeit. Der Stadtrundgang mit Abstechern und Schlenkern ist ein langer Weg. Daraus lassen sich aber auch gut zwei Touren machen.

### *Tipps vorweg:*

1. Fahrrad leihen! 2400 Räder stehen an den Stationen von April bis November bereit. Sie sind ganz einfach zu benutzen: 20-Kronen-Stück einwerfen, Bycykel herausholen, herumfahren, Rad an einer Station wieder abstellen und das Geld zurückbekommen!
2. Mit der CPH, der Copenhagen Card, sind die Fahrten mit Bussen, Bahnen, Metro sowie der Eintritt in 60 Museen und zu anderen Sehenswürdigkeiten frei, auch außerhalb von Kopenhagen. Die Karte gibt es bei Fremdenverkehrsämtern, in Hotels oder über das Internet.
3. Hans-Christian-Andersen-Rundgänge durch das alte Kopenhagen und zu Orten, an denen der Märchendichter gewohnt oder gearbeitet hat.

   Näheres bei: København, Turist Information, Vesterbrogade 4 A

### *Los geht's!*

#### 1 Das Rathaus

Start für den ersten Rundgang ist beim Drachenbrunnen am Rathausplatz. Die astronomische Weltzeituhr im Rathaus zeigt die genaue Zeit an, für Kopenhagen und andere Orte dieser Erde. Danach geht es rauf auf den Rathausturm, von dort ist ganz Kopenhagen zu überblicken.

Geöffnet: täglich 10 Uhr (Juni–Sept.)

#### 2 Die Strøget

Die meisten Geschäfte liegen in der Strøget, das heißt auf Deutsch: der „Strich". Sie heißt deshalb so, weil sich die Straßen hier wie auf einem

Mit dem Fahrrad durch Kopenhagen.

Strich aneinanderreihen. Die Straßen heißen: Frederiksberggade, Nygade, Vimmelskaftet, Amagertorv und Østergade. Es gibt schicke Läden, große Kaufhäuser, kleine Cafés, Spielzeug, Süßigkeiten, Teures und Kleinigkeiten. Und wenn du ein originelles Mitbringsel aus Dänemark suchst, wirst du hier sicher fündig.

### 3 Der Runde Turm

Von der Nørregade geht es in die Krystalgade und hier zum Runden Turm. Den hat schon der berühmte Märchenautor Hans Christian Andersen (siehe Seite 84) oft aufgesucht. Dafür musste er aber keine Treppen steigen. Der Weg nach oben führt 209 Meter weit durch eine Art Schneckenhaus nach oben. Ganz ohne Stufen! Angeblich ritt Zar Peter

**!**

***Zuckersüß!***

*Ein kleiner Abstecher in die Nørregade lohnt sich auf alle Fälle, vor allem ein Blick in den Hofeingang bei Nummer 34. Dort versteckt liegt sich Sømods Bolcher. Hier werden aus klebriger, zäher Masse bunte Bonbons gemacht, die auch der königlichen Familie schmecken. Geöffnet: Mo.–Do. 9.15–17.30, Fr. bis 18 Uhr, Sa. 10–14.30 Uhr.*

Wann geht es endlich los?

der Große auf seinem Pferd hinauf, während sich seine Frau, Katharina, bequem in der Kutsche nach oben bringen ließ. Von hier hast du einen weiten Blick über Kopenhagen. Die spiralförmige Treppe führt bis in 35 Meter Höhe. Ganz oben gibt es eine Sternwarte. Am Fuße des Turms liegt die Altstadt. Geöffnet: Mo.-Sa. 10–17 , So. 12–17 (Sept.–Mai), Mo.–Sa. 10–20, So. 12–20 Uhr (Juni–Aug.)

**Lust auf was Leckeres?**
*Von der Østergade Nr. 24 zweigt eine Gasse ab, die Pistolstræde. Im Cafeen i Pistolstræde gibt es typisch dänische Leckereien und Kleinigkeiten (Suppen, Salate, Kuchen ...) zu essen. Geöffnet täglich 7.30–17.30 Uhr*

### 4 Der Storchenbrunnen

Die Købmagergade öffnet sich am Ende zum Amagertorv. Auf dem belebten Platz plätschert der Storchenbrunnen. Aber sind das wirklich Störche? Die Auflösung steht auf Seite 94.

### 5 Rekorde, Rekorde

Wer steht in der Østergade, der letzten Straße der Fußgängerzone vor Nr. 17? Der größte Mann der Welt? Hier, im Guinness World of Records Museum, werden die lustigsten, verrücktesten und unsinnigsten Rekorden der Welt vorgestellt.

Geöffnet So.–Do. 10–18 Uhr, Fr. u. Sa. 10–20 Uhr (Sept.–Mitte Juni), täglich 9.30–22.30 Uhr (Mitte Juni–Aug.)

### 6 Neuer alter Hafen

Die Østergade endet bei Kongens Nytorv – rechts liegt das Königliche Theater. Hier ist man gleich am Nyhavn, also am neuen Hafen. Im 18. und 19. Jahrhundert befand sich hier das Vergnügungsviertel der Stadt. Der Hafen trägt zwar noch seinen Namen, ist aber mittlerweile der älteste Teil des Hafens. Die schmalen Häuser sind in den buntesten Farben gestrichen und am Ufer liegen alte Segelschiffe. So sah es schon zu Andersens Zeiten aus.

Schloss Amalienborg wird gut bewacht.

## 7 Das Schloss Amalienborg

Schloss Amalienborg ist das nächste Ziel. Auf Dänisch heißt es Amalienborg Slot. Um den achteckigen Platz ließ König Frederik V. Mitte des 18. Jahrhunderts vier Häuser bauen. Ursprünglich dienten sie nicht als königliche Heimat, sondern als Wohnungen für Adelige. Doch nachdem die königliche Heimat, Schloss Christiansborg, 1794 abbrannte, zog die Königsfamilie selber in das Schloss Amalienborg.

Heutzutage findet täglich um 12 Uhr die Wachablösung statt. Wird dazu Musik gespielt, bedeutet das: Die königliche Familie ist zu Hause. Auch der Dannebrog flattert nur, wenn die Königin da ist.

## 8 Das Schloss Rosenborg

Mit Schloss Rosenborg beginnt die zweite Tour. Anfang des 17. Jahrhunderts ließ König Christian IV. hier zunächst einen Garten anlegen mit einem Sommerhaus. Das wurde in den nachfolgenden Jahren zum Schloss mit drei Türmen ausgebaut. Seit 1838 ist es schon Museum. Es gibt dort einen langen Rittersaal, einen Königsthron, die Kronjuwelen und Löwen aus Silber zu sehen.

Geöffnet: Di.–So. 11–14 Uhr (Jan.–April, Nov.–Mitte Dez.), Mo.–So. 10–16 Uhr (Mai–Mitte Sept./Okt.), Mo.–So. 10–17 Uhr (Juni–Aug.)

## 9 Vom Nutz- zum Lustgarten

Der Park am Schloss war zunächst ein Garten, in dem Gemüse und Obst angebaut wurden. Die königlichen Gärtner haben ihn aber bald umgestaltet in einen Lustgarten mit Blumen und Bäumen. Anfangs war er nur den Adeligen vorbehalten, die hier ihre Reiterspiele durchführten und Feste feierten. 1770 wurde der Park für die Bürger geöffnet.

**!**

***Buntes Brot***
*Ein kleiner Laden in der Holbergsgade, Ecke Peder Skrams Gade, verkauft noch richtiges Smørrebrød. Das ist eine echte dänische Spezialität: halbierte Scheiben Roggenbrot, lecker und bunt belegt.*

### 10 Jetzt geht es an Bord!

Willkommen zur Kanal-und-Hafen-Rundfahrt! Am Nyhavn Holbergsgade starten die blauen Netto-Boote. Die Fahrten (10 bis 17 Uhr) dauern 60 Minuten. Es fahren auch andere Boote und Wasserbusse.
Die Brücken sind hier ziemlich niedrig, daher müssen die Boote sehr flach sein, um darunter hindurchfahren zu können. Trotzdem: Wer groß ist, sollte besser den Kopf einziehen!

### 11 Schloss Christiansborg

Vom Wasser aus sind viele historische Gebäude zu sehen. So auch Schloss Christiansborg, das 1736 auf den Ruinen einer viel älteren Burg aus dem Jahre 1167 erbaut wurde. Seit 1918 ist dort der Sitz des dänischen Parlaments. Ganz neue Gebäude stehen hier auch, eines wird „Schwarzer Diamant" genannt. Welches wohl? Die Auflösung steht auf Seite 94.

### 12 Das Kindermuseum

Die Bootsfahrt endet am Gammel Strand. Von da aus führt die Route zum Nationalmuseum. Im Kindermuseum, das dazu gehört, ist Anfassen erlaubt – und mehr: Wer jünger als 12 Jahre ist, kann sich als Wikinger

Smørrebrød, ein echt dänisches Essen.

verkleiden und mit einem Schiff segeln, in der Mittelalterburg Helm und Brustpanzer anprobieren und in der Burgküche Essen kochen! Eintritt frei. Geöffnet: Di.–So. 10–17 Uhr

### 13 Und danach? Ab ins Tivoli!

Tivoli ist kein gewöhnlicher Rummelplatz, sondern ein schöner, alter Park mit Bäumen, Blumen, Teichen und Spielplätzen. Tivoli wurde 1843 gebaut. Es gibt noch richtig alte Karussells, zum Beispiel „Der fliegende Koffer" aus den 1950er-Jahren. So heißt auch ein Märchen von Hans Christian Andersen. Dagegen ist der Star Flyer mit 80 Metern das höchste Karussell der Welt! Im Tivoli kommt jeder auf seine Kosten, ob schnell, hoch, gruselig ...

Rasant geht es zu im Tivoli.

**Kopenhagen-Tipps**

*Das Tycho Brahe Planetarium, nach einem bekannten dänischen Astronomen benannt, der von 1546 bis 1601 lebte. Informationen und Öffnungszeiten: www.tycho.dk*

*Am meisten versteht man, wenn man selbst Versuche macht – mit Wasser, Licht, Luft, Tönen: das Experimentarium. www.experimentation.dk.*

*Der Kopenhagener Zoo: über 3000 Tiere wohnen hier! www.zoo.dk*

Geöffnet: Mo.–Do. u. So. 11–24, Fr.+Sa. 11–1 Uhr (Mitte April–Ende Sept.)

In Tussaud's Kabinett stehen über 200 Wachsfiguren, die ziemlich lebendig aussehen. Viele berühmte Leute sind dabei.

Geöffnet: täglich 10–22 Uhr (Ende April–Mitte Sept.), 10–18 Uhr (restliche Zeit).

# Und was gibt es sonst in Kopenhagen zu sehen?

**Die kleine Meerjungfrau**
Die Ausflugsboote fahren auch an der lille havfru, der „kleinen Meerjungfrau" vorbei. Hans Christian Andersen hat ein Märchen über sie geschrieben. Es erzählt von einer Meerjungfrau, die sich in einen Prinzen verliebt. Weil sie sich so sehr wünscht, dass er sich auch in sie verlieben möge, tauscht sie ihre wunderschöne Stimme und ihren Fischschwanz gegen menschliche Beine. Sollte es gelingen, das Herz des Prinzen zu erobern, bekäme sie wie die Menschen eine unsterbliche Seele. Wie das Märchen ausgeht, solltest du selber nachlesen.

**Paradies der Aussteiger**
In dem Stadtteil Christianshavn fahren Wasserbusse, oder es geht zu Fuß über die Knippelsbro, eine Klappbrücke. Christianshavn wird auch Klein Amsterdam genannt. Viele Häuser liegen direkt am Wasser. Besonders sehenswert ist die Freistadt Christiania! In den 1970er-Jahren besetzten Aussteiger aller Art das frühere Militärgelände. Es gab heftige Kämpfe zwischen Besetzern und Polizei um das Gelände. Seit 1973 ist es als soziales Experiment anerkannt. Ein buntes Viertel mit viel Grün und Wasser und ohne Autos ist entstanden. Es gibt Kindergärten, Schulen, Post, einen eigenen Radiosender, viele kleine Läden und Werkstätten, eine Reitschule, Museen, Kunst und Kunstgewerbe, Cafés, Restaurants, Kino und im Dezember einen fröhlichen Weihnachtsmarkt.

Die kleine Meerjungfrau gilt als eines der kleinsten Wahrzeichen der Welt, sie ist nur 1,25 Meter groß.

# Deine Erlebnisse

Das war spannend: ..................................

..................................................

..................................................

..................................................

..................................................

Das war lustig: ....................................

..................................................

..................................................

..................................................

..................................................

Das war doof: ......................................

..................................................

..................................................

..................................................

..................................................

# Platz zum Malen, Kleben, Schreiben ...

# Fünen

Die Insel Fünen (oder auf Dänisch „Fyn“) hat eine Fläche von 3482 Quadratkilometern und ist damit die zweitgrößte Insel Dänemarks.

**Spielzeug überm Pferdestall**

Südlich von Svendborg steht ein Schloss: Valdemars Schloss (dänisch „Valdemars Slot“). König Christian IV. ließ es in den Jahren 1639 bis 1644 erbauen. Hier gibt es ein Spielzeugmuseum im Dachgeschoss des Pferdestalls. Über 1000 Spielzeuge der letzten 125 Jahre werden hier gezeigt. Zum Schloss gehört auch ein Badestrand hinter dem gelben Teepavillon. Öffnungszeiten unter: www.valdemarsslot.dk

Fahrradtour zu Valdemars Slot.

**Tipps – für Sonnen- und Regentage**

Fünen hat tolle Freizeit- und Tierparks zu bieten. Im Westen Fünens in Aarup liegt zum Beispiel der Familienpark Fun Park Fyn. Öffnungszeiten unter: www.funpark.fyn.dk

In Tommerup gibt es den Vogelpark Frydenlun, wo rund 800 Vögel aus aller Welt leben.

Beide Parks sind in den Ferien täglich von 10 bis 18 Uhr geöffnet, Tel.: 00 45/ 64 76 13 22

Schlangen in Skandinavien? Ja, sogar jede Menge und Reptilien noch dazu – im Terrarium Vissenbjerg. Übrigens: Donnerstags ist Schlangenfütterung.

Geöffnet: 10–18 Uhr (im Sommer), 10–16 Uhr (im Winter), www.terrariet.dk

Und bei schlechtem Wetter: Einfach abtauchen in Nyborgs Badeparadies Aqualand.

Geöffnet: täglich ab 6.30–20 Uhr, Di. bis 16 Uhr, Sa.+So. 10–16 Uhr, Tel.: 00 45/65 31 17 25

# Langeland und Ærø

## Wilde Pferde auf Langeland

Der Name verrät es schon: Die Insel Langeland ist lang (50 Kilometer) und schmal (an der breitesten Stelle sind es nur 9 Kilometer). Es gibt schöne flache Strände – und wilde Pferde! Im Schutzgebiet Klise Nor leben die Exmoor-Ponys, das sind sehr seltene Pferde, von denen es heute nur noch etwa 800 gibt. Sie gehören zu den letzten Nachfahren der eiszeitlichen Urponys. Nur wenige leben noch in freier Wildbahn.

Hauptort von Langeland ist Rudkøbing. Rund um den Marktplatz stehen viele alte Häuser und verwinkelte Gassen winden sich durch den Ort. Im Hafen liegen oft große Segelschiffe vor Anker. Von hier laufen auch die Fähren nach Ærø aus.

## Ærø: Eine kleine Radtour

Die Insel Ærø lässt sich bequem mit dem Rad umrunden, sie ist nur 25 Kilometer lang und 8 Kilometer breit. An der Steilküste von Voderup ragen riesige Klippen aus dem Meer. Einige sind mehr als 30 Meter hoch! Ein besonders interessanter Ort ist das alte Kaufmannsstädtchen Ærøskøbing. Schon 1398 erhielt der Ort das Handelsrecht und durfte mit Waren handeln. Mit den vielen denkmalgeschützten Häusern aus dem 17. und 18. Jahrhundert, darunter auch dem ältesten Postamt Dänemarks, trägt Ærøskøbing den Beinamen „Märchenstadt" zu Recht.

**!**

***Inselparadies***

*Zwischen Ærø und Langeland liegen viele kleine Inseln und Sandbänke. Früher war hier überall Land. Doch während der Eiszeit sackte es ab. Die Inseln und Sandbänke sind nur noch die Überreste dieses Landes. Auch einige der Inselchen lohnen einen Besuch; zu erreichen sind sie mit Fähren von Ærø oder Langeland.*

# Route 2: Odense

Die Stadtwanderung auf Hans Christian Andersens Spuren führt an vielen Märchenfiguren von Andersen vorbei – und an Andersen selbst natürlich auch.

***Los geht´s!***

**1 Der kleine Hans Christian**

Am Rathaus beginnt die Tour. Es ist nicht weit bis zur Munkemøllestræde. In Nr. 3–5 ist das H.C. Andersens Barndomshjem, das Haus seiner Kindheit. Es vermittelt Besuchern einen Eindruck davon, wie der kleine Hans Christian aufgewachsen ist.

Geöffnet: Di.–So. 11–15 (Sept.–Mai), Mo.–So. 10–16 Uhr (Juni–Aug.)

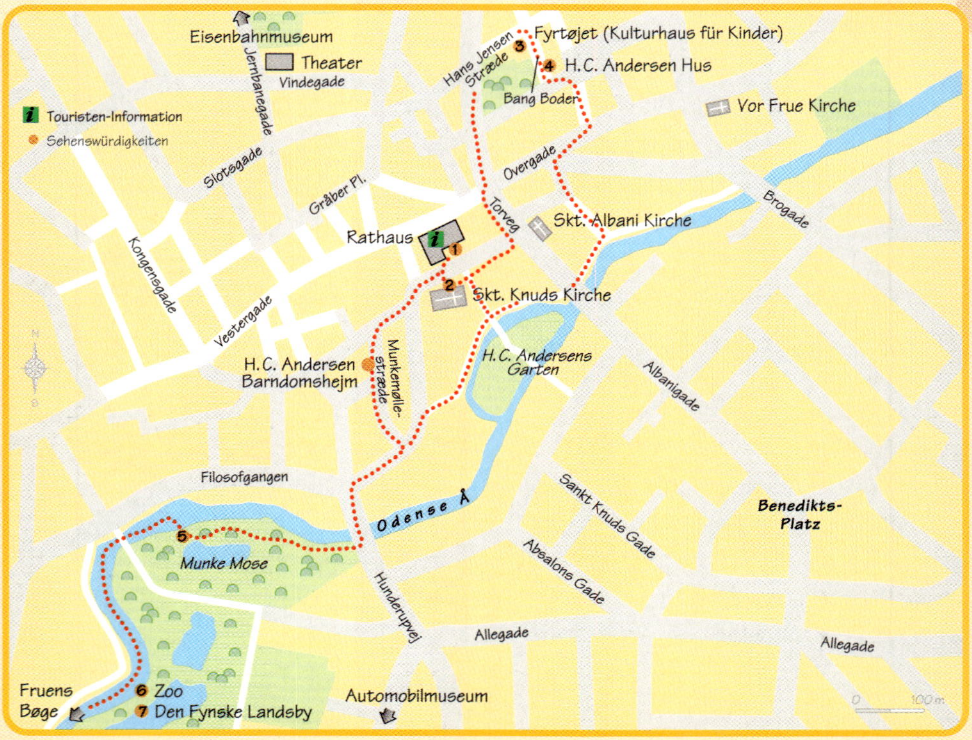

Das Hans-Christian-Andersen-Denkmal.

**2 Die Sct.-Knuds-Kirche**

Nun geht es in den Andersen-Park, der auch Märchengarten genannt wird, und zur Sct.-Knuds-Kirke. Das ist Odenses Dom, hier wurde Hans Christian Andersen konfirmiert. Hier steht sein Denkmal. An der Sct.-Knuds-Kirche, nahe dem Park, wurde vom 13. bis zum 15. Jahrhundert gebaut: Hier liegen dänische Könige begraben, auch König Knud IV., der 1086 in Odense ermordet wurde. Er hatte die Steuern erhöht und wurde an dieser Stelle von wütenden Bauern erschlagen. Das Skelett des Königs ist in der Kirchenkrypta zu sehen. Ein Denkmal für Knud steht bei der Stc. Albani Kirche.

**3 Kultur für Kinder**

Das Haus in der Hans Jensens Stræde Nr. 21 ist das Fyrtøjet, auf Deutsch heißt es: „Das Feuerzeug". Benannt ist es nach einem Märchen von Andersen. Es ist ein Kulturhaus für Kinder, ein ganz besonderes Erlebniscenter! Märchen werden gelesen (leider auf Dänisch!), gemalt und als Puppenspiele aufgeführt. Wer mag, kann in den märchenhaften Kulissen spielen und sich verkleiden. Und zwischendurch kannst du dich im Café Fyrtøjet nebenan stärken!

Geöffnet: Di.–So. 11–16 (Febr.–Mai), Di.–So. 10–17 (Juni–Aug.), Di.–So. 11–16 Uhr (Sept.–Mai)

Hier wird gerade das Andersen-Märchen „Des Kaisers neue Kleider" aufgeführt.

### 4 Das Geburtshaus von Hans Christian Andersen

Gleich an der nächsten Ecke ist das kleine, gelbe H.C. Andersens Hus. Andersens Geburtshaus steht im ehemaligen Armeleuteviertel von Odense. Die Häuser stammen aus dem 18. Jahrhundert. Ausgestellt werden hier echte Bilder und Briefe, Manuskripte und Bücher von Andersen. Die Adresse ist Bang Boder 29.

Geöffnet: Di.–So. 9–19 Uhr (Mitte Juni–Aug.), Di.–So. 10–16 Uhr (Sept.–Mitte Juni)

Ausflugsboote auf dem Odense Å.

### 5 Eine Fahrt auf dem Odense Å

Wenn du Lust hast, kannst du jetzt noch eine zweite Route anschließen. Ansonsten ist morgen auch noch ein Tag. Ab Munke Mose fährt ein Boot auf dem Odense Å zu jeder vollen Stunde von 10 bis 17 Uhr. Auf der Fahrt wurde früher das in ganz Dänemark bekannte Lied gesungen:

*Sejle op ad åen*
(Fahre aufwärts den Fluss)
*sejle ned ad igen.*
(fahre wieder abwärts den Fluss.)
*Det er vel nok en dejlig sang*
(Das war ein schönes Lied)
*den må vi ha' endnu en gang.*
(das müssen wir noch mal singen.)
*Sejle op ad åen*
*sejle ned ad igen.*

Und so geht es immer weiter, es ist ein nicht endendes Lied. Nach 25 Minuten Fahrt kommt die erste Haltestelle. Dort ist gleich der Zoo.

### 6 Zoo Odense

In diesem Zoo wurde ein echtes Naturreservat aus Botswana (Afrika) nachgebaut. Mehr als 1000 Tiere aus aller Welt leben hier: Schimpansen, Löwen, Tiger, Zebras und sogar Sibirische Tiger. Geöffnet: täglich ab 9–15/16/17/18 Uhr je nach Jahreszeit

### 7 Wie früher im Dorf: Den Fynske Landsby

Der nächste und letzte Stopp ist Fruens Bøge. Bis hierher dauert die Fahrt ungefähr 35 Minuten. Nun kannst du bis Den Fynske Landsby wandern, zum Fünschen Dorf. 25 Höfe aus dem 18. und 19 Jahrhundert, Dorfstraße, Dorfteich, der dampfende, stinkende Misthaufen, Tiere – alles ist da. Im Sommer geht es im Dorf so lebhaft zu wie früher, und es laufen Menschen in historischen Kostümen herum. Im Juli und August wird auf der Freilichtbühne sogar Theater gespielt. Eintritt für Kinder unter 18 Jahren frei. Geöffnet: Di.–So. 10–17 Uhr (Juni+Mitte Aug.–Okt.), täglich 9.30–19 Uhr (Mitte Juni–Mitte Aug.), So. 11–15 Uhr (Nov.–März)

### Was gibt es noch in Odense?

Geführte Andersen-Touren: Treffpunkt: VisitOdense, Vestergade 2. Di.–Do. einmal täglich 11 Uhr (Juli u. Aug.)

Abendspaziergang im Andersen-Viertel mit einem Nachtwächter, der alte Verse singt. Treffpunkt: Rathaus, Den Gamle Kro, Overgade. Ende Juni–Ende Aug. Mo.–Sa. 1-mal tägl. 21 Uhr

Mit dem Märchenpass/Eventyrpass gibt es Rabatte, und kostenlos sind der Eintritt in den Zoo Odense, ins Hallen-/Freibad, die Rathausführung und anderes mehr. Erhältlich bei Visit-Odense.

Das Eisenbahn-Museum (Jernbane-Museet, Dannebrogsgade 24) zeigt, wie die Menschen früher reisten, im königlichen Salonwagen oder in der III. Klasse. Fahr ein paar Runden mit der Minibahn, probier den Führerstandsimulator aus oder spiel mit den Modellbahnen. Geöffnet: täglich 10–16 Uhr

Etwas außerhalb von Odense liegt das Automobilmuseum im Frangde-Kærby-Vej 203. Öffnungszeiten unter www.automuseum.dk

# Deine Erlebnisse

Das war spannend: ..............................

..................................................

..................................................

..................................................

..................................................

Das war lustig: ..............................

..................................................

..................................................

..................................................

..................................................

Das war doof: ..............................

..................................................

..................................................

..................................................

..................................................

# Platz zum Malen, Kleben, Basteln ...

# Falster, Lolland und Møn

Falster, Lolland und Møn sind Dänemarks „Südseeinseln". Die größte der Inseln ist Lolland, Møn ist am kleinsten. Dänemarks südlichster Punkt ist Gedser Odde auf Falster.

**Krokodile auf Falster**
Samson, das riesige Nilkrokodil, lebt zusammen mit anderen Panzerechsen im Krokodilzoo in Eskilstrup auf Falster. Hier wimmelt es nur so von Reptilien aller Art, Schildkröten, Waranen und noch mehr Tieren. Besonders spannend wird es bei den „Snappy hours". So werden die Fütterungen hier genannt! Geöffnet: täglich 10–17 (Mitte Juni–Mitte Aug.), 12–17 (Mitte Aug.–Okt.+April–Mitte Juni), Di.–So. 12–16 Uhr (Nov.–März), www.krokodilzoo.de

Ritterspektakel in Sundkøbing.

**Willkommen im Jahr 1396!**
Plötzlich bist du im Jahr 1396. In Sundkøbing liefern Händler ihre Waren, Handwerker arbeiten, auf dem Markt geht es hoch her, Gaukler zeigen ihre Künste und Ritter messen ihre Kräfte. Und du bist mitten in diesem Theater. Denn diese Stadt ist einziges mittelalterliches Schauspiel! Im Mittelalterzentrum in Nykøbing liegt die erfundene Stadt Sundkøbing. Nykøbing auf Falster, aktuelle Informationen unter Tel.: 00 45/54 86-19 34

**Lolland im Dunkeln**
Lolland, Dänemarks viertgrößte Insel, liegt an einigen Stellen 2 Meter unter dem Meeresspiegel. Um Überschwemmungen zu verhindern, ist die Südküste eingedeicht. Im Nordwesten der Insel ist Kong Svends Høj aufgeschichtet. Das ist ein begehbares Grab, ein Ganggrab, und zwar das größte in Dänemark. Taschenlampe nicht vergessen, denn nun geht es unter die Erde!

## Auf Safari

Für eine Reise durch die Savanne, vorbei an Tigern, Elefanten, Zebras, muss man nicht nach Afrika reisen. Durch historische Tore geht es in den Knuthenborg Safari Park auf Lolland, Nordeuropas größten Tier- und Landschaftspark. Ziegen, Kamele und Esel dürfen auch gestreichelt werden. Anschließend lädt der Spielplatz mit Kletterburg zum Toben ein.

Geöffnet: Mai–Okt. täglich ab 10 Uhr, letzter Einlass 17 Uhr, www.knuthenborg.dk

**!**

***Der verzauberte Wald***

*Im Wald von Ulvshale auf Møn geht es geheimnisvoll zu wie in einem Märchenwald. Das Waldxylophon lädt zum Spielen ein und es ist ein Erlebnis, dem Walddrachen, der Riesenmücke und den Elfen zu begegnen. Wer am Strand einen Hühnergott gefunden hat, hängt ihn nun in den Wunschbaum und wünscht sich etwas.*

## Kreidefelsen auf der Insel Møn

Auf Møn geht es ruhiger zu. Trotzdem ist hier viel zu sehen! Am bekanntesten sind die gigantischen Kreidefelsen, Møns Klint. Sie sind die Nummer 1 unter den Nationalparks in Dänemark. Mit etwas Glück findest du am Strand vielleicht eine Versteinerung! Oder einen Flintstein mit Loch, einen sogenannten Hühnergott. Wer einen entdecken sollte, nimmt ihn mit in den Märchenwald!

Riesig: Møns Klint.

# Rømø und die Nordsee

Die Westküste von Jütland ist fast ein einziger Strand. Hier reiht sich ein schöner Abschnitt an den anderen, von Rømø über Blåvand Strand oder Hennestrand bis zum Ringkøbing Fjord. An vielen weht die blaue Fahne.

**Gold des Meeres**

An der Westseite von Rømø sind die breitesten Strände, wie zum Beispiel der Lakolk Strand. Immer wieder kann man hier kleine Bernsteine finden. Das sind über Jahrhunderte getrocknete Harztropfen, die manchmal auch kleine Insekten eingeschlossen haben. Ein über 2 Kilo schwerer Bernstein ist im Naturcenter Tønnisgård ausgestellt.

Geöffnet: März–Nov. 10–16, Dez.10–15 Uhr, www.tonnisgaard.dk

**Durchs Watt**

Die Führer vom Naturcenter Tønnisgård wie auch die vom VNN, dem Watt-Natur-Net, bieten Wattwanderungen an. Oder lieber eine Seehund-Safari, um einige der 3000 Seehunde zu beobachten, die in Dänemark leben? Auf 60 Sandbänken haben die Tiere ihre Ruheplätze.

Anmeldungen bei VNN telefonisch:
Tel.: 00 45 / 74 75 52 57

**Himmel voller Drachen**

Auf Rømø weht immer der Wind! Beste Voraussetzungen, um Drachen steigen zu lassen. Einmal im Jahr, Anfang September, findet das Drachenfestival statt. Dann ist der Himmel voller bunter und abenteuerlicher Drachen. Auf der Nachbarinsel Fanø ist das Festival Mitte Juni.

**Strand voller Pferde**

Anfänger können auf Rømø Reitunterricht nehmen, und wer schon

Drachen steigen lassen macht Spaß!

Besonders schöne Strände gibt es auf Rømø.

reiten kann, der macht einen Ausritt mit. Gelegenheit dazu gibt es auf der Rømø-Ranch am Strand Lakolk oder im Islandpferdecenter im Spiel- und Pferdeland, Kommandørgården.

**Noch mehr Tipps**

Sommerland Syd liegt ungefähr 20 Kilometer hinter der deutsch-dänischen Grenze.

Geöffnet: Mitte Mai–Anfang Sept. ab 10 Uhr, www.sommerland-syd.dk

Kurz vor der Straße nach Rømø über den Damm liegt das Freizeitcenter Skærbæk. Anders als in der Nordsee beträgt die Wassertempertaur hier in der Schwimmhalle 33 Grad. Von der 53 Meter langen Rutsche geht es gleich hinein ins warme Nass.

Öffnungszeiten unter Tel.: 0045/74751970

Viel los ist im Hjemstedt Oldtidspark in Skærbæk. Von Pfingsten bis Oktober kann man hier Urlaub in der Eisenzeit machen, ein Römerlager besuchen oder auf einem mittelalterlichen Markt einkaufen.

Öffnungszeiten unter Tel.: 0045/74750800

# Route 3: Ribe

Das ostjütländische Ribe, gegründet um das Jahr 700, ist Dänemarks älteste Stadt. Hier stehen 100 Häuser unter Denkmalschutz!

**Tipps**

1. Im Sommer geht der Nachtwächter seine Runden. Du kannst ihn begleiten. Täglich 22 Uhr (Mai–Sept.), auch 20 Uhr. Informationen im Turistbureau, Torvet 3.
2. Ribe-Pass besorgen. Damit gibt es Ermäßigungen! Erhältlich im Turistbureau.

Der Dom ragt hoch hinauf.

### *Los geht's*

#### 1 Der Dom

Was am Dom gleich auffällt, sind die ungleichen Türme. Der ursprüngliche Turm ist der niedrigere aus rotgelbem Sandstein. Etwa im Jahr 1130 wurde mit dem Bau begonnen. Zu dieser Zeit war der Baustil romanisch, er ist an den runden Fensterbögen zu erkennen. Der Stil änderte sich noch während der 100-jährigen Bauzeit. Nun wurde die Gotik modern mit den spitz zulaufenden Formen. Unten am Dom sind noch die romanischen Bögen zu erkennen, darüber die Spitzbögen. Die neuen Gewölbe drückten auf den alten Unterbau. Im Dom ist gut zu erkennen, wie schief die romanischen Säulen stehen. Am Weihnachtsmorgen 1283 brach ein Turm zusammen. 1330 wurde er wieder aufgebaut. Aber nun ganz in gotischer Weise und aus rotem Backstein. Der neue Turm war zugleich

**!**

***Kennst du Adebar?***

*In Fabeln wird der Storch oft Adebar genannt. Ein Blick nach oben verrät dir, ob die Störche gerade hier sind. Jedes Frühjahr kommen sie nach Ribe und bauen ihre Nester auf den Schornsteinen.*

Auf einem Bein durch Ribe.

Wachturm. 248 Stufen führen in 52 Meter Höhe, und bei gutem Wetter kann man von dort oben über 30 Kilometer weit ins Land sehen. Geöffnet: täglich 11–15 (Nov.–März), 11–16 (April), 10–17 (Mai–Sept.), 11–16 Uhr (Okt.)

### 2 Die Grønnegade

In den kopfsteingepflasterten Straßen von Ribe fallen die gußeisernen Laternen auf. Die sind zwar nicht alt, aber nach alten Vorbildern entstanden. Rund um den Dom, in der Grønnegade und anderen Straßen stehen Fachwerkhäuser mit schön geschnitzten Balken und Verzierungen. Sie sind beim Brand, der 1580 in der Stadt wütete, erstaunlicherweise erhalten geblieben. In der Fiskergade sind noch viel mehr kleine alte Häuser, aber sie wurden erst nach dem Feuer gebaut.

### 3 Die große Flut

Am Ende der Fiskergade neben dem Fluss markiert die Sturmflutsäule die Wasserstände der Sturmfluten, die Ribe im Laufe der Zeit überschwemmt haben. Die Nordsee ist nah, nur 9 Kilometer entfernt. 1634 stand das Wasser 6,10 Meter über dem Normalpegel und Tausende von Menschen ertranken.

### 4 Der Krämermarkt

Am Skibbroen war früher Ribes Hafen. Heute ist nichts mehr davon zu sehen, dass Ribe bis zur frühen Neuzeit der wichtigste dänische Hafen der Nordsee war. Jetzt liegen dort nur noch Sportboote. Am Uferweg ist von Mai bis September jeden Mittwoch ab 9 Uhr ein Krämermarkt.

**!**

***Auf dem Trecker durchs Watt***

*An der Nordseeküste vor Ribe steht das Wattenmeerzentrum. Von hier aus starten Wanderungen durchs Watt und Traktorfahrten zur Insel Mandø. Vester Vedsted, Okholmvej 5. Geöffnet: täglich 10–18 (April–Sept.), 10–16 Uhr (15. Febr./März/Okt.)*

Bogenschießen will gelernt sein.

### 5 Das Wikingermuseum

Am Odins Plads liegt das Wikingermuseum. Wie haben die wilden Männer aus dem Norden gelebt? Wie sind sie zur See gefahren? Womit haben sie gehandelt?
Alle Ausstellungsstücke wurden in Ribe und Umgebung gefunden.

Geöffnet: 10–16 (Sept.–Mai), 10–18, Mi. bis 21 (Juli u. Aug.), Mo. geschlossen (Nov.–März), www.ribesvikinger.dk

2 Kilometer südlich von Ribe liegt das Wikingercenter. Eine Anlage mit Hütten, Hof, Handwerkern, Falknern (Jäger mit Greifvögeln, zum Beispiel Falken oder Habichten) und Islandpferden. Für Kinder gibt es Ferienaktionen mit Schnitzen, Filzen, Malen. Anfang Mai finden sich auf Dänemarks größtem Wikingermarkt mehr als 200 Handwerker aus Europa ein und zeigen ihre Kunst.

Geöffnet: Mo.–Fr. 10–15.30 (Mai, Juni, Sept.–3. Okt.-Woche), täglich 11–17 Uhr (Juli+Aug.), http://ribevc.dynamivweb.dk

# Deine Erlebnisse

Das war spannend: ....................................................

........................................................................

........................................................................

........................................................................

........................................................................

Das war lustig: ........................................................

........................................................................

........................................................................

........................................................................

........................................................................

Das war doof: ..........................................................

........................................................................

........................................................................

........................................................................

........................................................................

# Platz zum Malen, Kleben, Schreiben ...

# Legoland

Na klar, ein Besuch im Legoland ist ein Muss, wenn du schon mal in Dänemark bist! Schließlich wurden hier die berühmten kleinen Bausteine erfunden, die fast jeder kennt. Legoland liegt in Billund in Jütland. Hier ist so ziemlich alles aus Lego gebaut.

**Was ist an Legosteinen so besonders?**
Ganz einfach: Es gibt unendlich viele Möglichkeiten, sie zusammenzubauen. Kaum zu glauben, was man mit nur drei Steinen schon alles machen kann: 1060 verschiedene Kombinationen sind möglich! Und bei sechs Steinen ergeben sich sogar 102 981 500 Steckmöglichkeiten.

Vom Lego-Löwen verspeist.

**Auf Gullivers Spuren**
Im Miniland steckt die halbe Welt im Liliputformat. Berühmte Bauwerke, Kanäle mit Schiffen, ein Flugplatz und ganze Straßenzüge zwanzigfach verkleinert! Ein Blick aus dem Panoramalift aus 36 Metern Höhe ist daher wie ein Blick aus 720 Metern Höhe aus einem Flugzeug auf die Erde.
Wer es gemütlicher mag, lässt sich vom bunten Legozug durch den Park fahren.

**Wie im wilden Westen!**
Der Wilde Westen lauert in Legoredo Town. Hier tummeln sich Indianer und Cowboys. Du kannst nach Gold suchen, dich vom Indianerhäuptling Spielender Adler zum Krieger weihen lassen oder eine Wildwasserfahrt unternehmen.

Auf der Suche nach dem Piratenschatz.

**Preise**
Kinder von 3–12 Jahren und Senioren: ca. 26 Euro, Erwachsene von 13–59 Jahren: ca. 30 Euro. Öffnungszeiten: ab 10 Uhr, je nach Jahreszeit bis 18 oder 21 Uhr.

**Wo ist der Schatz?**
Wilde Seeräuber und ein Piratenkapitän treiben im Piratenland ihr Unwesen. Boote fahren in die geheime Grotte, um den versteckten Piratenschatz zu finden.

**Abenteuer ohne Ende!**
Langweilig wird es ganz sicher nicht: Im Adventure Land warten unzählige aufregende Erlebnisse, zum Beispiel eine rasante Achterbahnfahrt oder ein brennendes Haus, das von der „Falck Fire Brigade" gelöscht werden muss.

**Führerschein für Kinder**
Auch das gibt es im Legoland: Alle zwischen 7 und 13 Jahren können in der Verkehrsschule ihren Führerschein machen. 20 Minuten dauert die Fahrt mit dem Elektroauto.

***Wer hat sich Lego ausgedacht?***
*Der dänische Tischlermeister Ole Kirk Christiansen war eigentlich auf Holzspielzeug spezialisiert. Doch dann hatte er die Idee mit den Legosteinen. Der Name ist übrigens eine Abkürzung für „leg godt", das ist dänisch und bedeutet „spiel gut". Die ersten Legosteine gab es schon 1949! Diese sahen den heutigen zwar schon ähnlich, doch anders als diese waren sie damals noch hohl. Daher war alles, was gebaut wurde, ziemlich wackelig. Um das zu verbessern, kam man auf die Idee, den Hohlraum mit kleinen Röhren zu füllen. Diese ließen sich auf die Noppen setzen und plötzlich war die Konstruktion stabil!*

# Zu Besuch im Legoland

Auf dem unteren Bild haben sich 10 Fehler eingeschlichen. Findest du sie?

Auflösung auf Seite 94

# Dänemark-Puzzle

Ein Puzzle lässt sich ganz einfach basteln und ist ein prima Urlaubsmitbringsel.

**Material:** Ansichtskarten oder ein selbst gemaltes Bild von deinem Lieblingsort (oder von Wikingern, Legoland, Safaris ...), ein Stück Karton, Kleber, Schere

1. Am schnellsten geht es, wenn du für dein Puzzle Ansichtskarten verwendest. Du kannst aber auch selbst ein Bild malen. Das solltest du vor dem Zerschneiden auf ein Stück Karton aufkleben, damit es stabiler wird. Achtung: Die Rückseite flächendeckend mit Kleber einstreichen, sonst löst sich das Bild beim Zerschneiden wieder ab!

2. Nun hast du ein Motiv. Und wie machst du weiter? Zeichne die Schnittlinien mit Bleistift auf der Rückseite vor.

3. Dann schneidest du die einzelnen Teile des Puzzles sorgfältig aus.

Noch schwieriger wird es, wenn du mehrere Motive (verschiedene Karten) mischst.

**Tipp:** Bewahr die Teile deines Puzzles in einem Briefumschlag auf – dann geht nichts verloren.

# Spiele für drinnen und draußen

In Dänemark kann das Wetter ganz unterschiedlich sein: mal Sonne, mal Regen. Deshalb gibt es hier Spiele für jedes Wetter.

**Stock wegschlagen**

*Für einen oder mehrere Spieler*

Such dir am Strand Treibholz: einen kleinen und einen großen Stock. Grab ein Loch in den Sand und leg den kleinen Stock quer darüber. Jetzt versuch mal, den kleinen Stock mit dem großen Stock hochzuschlagen und ihn möglichst in der Luft noch ein zweites Mal zu erwischen. Gar nicht so einfach! Wenn mehrere Stocktreiber gemeinsam spielen, hat der gewonnen, dessen Stock am weitesten fliegt.

**Dreibein-Rennen**

*Dafür braucht man mindestens vier Spieler!*

Je zwei Läufer werden an einem Bein zusammengebunden. Start- und Ziellinie festlegen, dann geht es los! Welches Paar kommt zuerst an? Ein Glück, dass das Rennen am Strand stattfindet – fast jeder landet mal im Sand.

**Strandhasen-Jagd**

*Für mehrere Spieler*

Einer von euch ist der Fuchs, die anderen sind die Hasen.
Zuerst gräbt sich jeder Hase eine Kuhle in den Sand, in die er sich hineinkauert. Haben alle Hasen ihr Plätzchen gefunden, kann die Jagd beginnen. Der Fuchs pirscht sich an den ersten Hasen heran. Der springt auf und rast davon. Während der Fuchs versucht, ihn zu erwischen, steuert der Gejagte eine neue Kuhle an. Der Hase, der dort hockt, muss den Platz freimachen und nun selbst wegrennen. Natürlich versucht auch er, eine Kuhle zu erreichen, bevor der Fuchs zuschlägt! Fängt der Fuchs einen Hasen, werden die Rollen getauscht – jetzt darf der ehemalige Fuchs eine Hasenkuhle aufsuchen, der Gefangene wird zum Fuchs und das Spiel geht weiter.

**Blind malen**

*Für einen oder mehrere Spieler*

Hast du schon mal versucht, mit geschlossenen Augen zu zeichnen? Am meisten Spaß macht es zu zweit: Einer gibt das Motiv vor, der andere malt. Entweder mit einem Stock im Sand – oder mit Papier und Stift.
*Tipp:* Nicht zu komplizierte Motive wählen – ein Baum, ein Haus oder eine Muschel sind schon Herausforderung genug.

# Der Limfjord

1825 brach eine Landzunge zwischen Nord- und Ostsee. So entstand der 180 Kilometer lange Limfjord. Den besten Blick auf den Fjord hat man vom Aalborgtåranet, einem Aussichtsturm in der Stadt. Dabei ist dieser Hügel mit nur 55 Meter ganz schön niedrig!

**Busse auf dem Wasser**
Es gibt nicht viele Brücken über den Limfjord. Aber Fähren – Limfjordbusse genannt – bringen die Reisenden ans andere Ufer oder auf die Inseln. Die kürzeste Fahrt von Aalborg auf das kleine Egholm dauert fünf Minuten, und nur zwei Autos haben Platz auf Deck. Die Fähre von Rønbjerg Havn nach Livø, einer Insel, die ganz unter Naturschutz steht, braucht 20 Minuten.

**Direkt am Limford: Aalborg**
Aalborg ist Dänemarks viertgrößte Stadt. In ganz Dänemark bekannt ist der Kinderkarneval in Aalborg, der jedes Jahr Anfang des Sommers stattfindet. Informationen: www.karnevaliaalborg.dk

Einen Vergnügungspark hat die Stadt auch: Tivoliland. Geöffnet: 12–21 oder bis 23 Uhr in Aalborg (Mitte April–Aug.), Tel.: 00 45 / 98 12 33 15

***Hej, Piraten!***
*Wie wäre es mit einer richtigen Piratenfahrt? Ab Thisted fährt die „Lovise Moland". Ein Ausflug auf diesem alten Holzsegelschiff ist spannend. Wer mitfährt, wird selbst zum Piraten und findet vielleicht sogar den Schatz an Bord! Information: Thy Turistbureau, Store Torv 6, Thisted*

Gräber über Gräber in Lindholm Høje.

Einen Zoo mit über 1300 Tieren aus Savanne und Regenwald gibt es auch. Im Afrikanischen Dorf leben zum Beispiel Antilopen, Zebras, Strauße, Kudus und viele andere Tiere. Auf dem Spielplatz können sich Kinder und Erwachsene wie die Affen von Ast zu Ast schwingen ... Geöffnet: 10–14/15/16/17 Uhr nach Jahreszeit, 9–19 Uhr (Mai–Aug.), www.aalborg-zoo.dk

***Gräberfeld***

*In der Nähe von Aalborg liegt Lindholm Høje, ein Gräberfeld aus der Eisen- und Wikingerzeit. Es ist so gut erhalten, weil es Jahrhunderte unter Flugsand begraben war. Rund 680 Gräber gibt es auf dem Gelände, jedes Grab ist in einer bestimmten Form mit Steinen umlegt, einige rund, andere oval und 150 in Schiffsform. Auch Reste einer alten Siedlung mit Häusern, Wegen, Zäunen, Wällen, Feuerstellen sind erhalten geblieben. Im Juni finden hier Wikingerspiele statt. Geöffnet: 10–17 (April–Okt.) Di.–So. 10–16 Uhr (Nov.–März), Tel.: 00 45/96 31 04 28*

**Nicht nur für Meeresforscher interessant**

Es ist schon ein einmaliges Erlebnis, einen Hai zu streicheln oder sich eine Strandkrabbe über die Hand laufen zu lassen! Das und noch mehr ist im Küstencenter Thyborøn möglich. Der Fischerort liegt dort, wo Limfjord und Nordsee ineinanderübergehen.

Informationen: Kystcentret, Kystcentervej 3, Thyborøn

**Traumhaus**
Das Muschelhaus in Thyborøn ist mindestens einen Blick wert: Am Klitvej 9 hat ein Fischer für seine Frau ein Haus über und über mit Muscheln und den Häusern von Meeresschnecken verziert. Über dem Eingang winkt eine Meerjungfrau.

**Blumen? Gibt's auch!**
Mors ist die größte Insel im Limfjord. Über die Brücke geht's in den Ort Nykøbing, aber mit der Fähre macht es mehr Spaß.

Muscheln so weit das Auge reicht.

Im Jesperhus Blomsterpark auf Mors gibt es nicht nur Blumen, auch wenn er so heißt: Jesperhus ist zwar Skandinaviens größter Blumenpark, aber zugleich Feriencenter und vor allem ein toller Vergnügungspark mit Badeland, mehreren Spielplätzen wie dem Piratenspielplatz mit Fischkutter und der Kreativwerkstatt. Zum Blomsterpark gehört außerdem der Dschungelzoo mit Affen, Papageien und Krokodilen.

Wechselnde Öffnungszeiten! Informationen unter www.blomster.jesperhus.dk

**Versteinerte Fundstücke**
Fur gilt als die schönste Insel im Fjord. Im Norden ragt die Steilküste in den Himmel mit auffällig geformten Schichten von Moler. Moler sind über

***Als Forscher unterwegs***
*In Fur gibt es noch viele Fossilien zu entdecken. Aber es gilt: Zementsteine am Strand darf man spalten – aber das Hämmern und Graben an den Steilfelsen ist verboten. Sie stehen unter Naturschutz.*

50 Millionen Jahre alte Schalen von Kieselalgen. Im harten Moler lassen sich mit Glück Fossilien finden, manchmal sogar Seltenheiten wie versteinerte Fische. Eine Erlaubnis dafür ist nicht nötig. Wer mehr über Moler wissen will, kann sich in Nederby im Museum informieren.
Geöffnet: täglich 10–17 Uhr, Tel.: 00 45 / 97 59 34 11

**Wo die Fledermäuse hängen**
In den unterirdischen Stollen von Mønsted Kalkgruber bei Stoholm überwintern jedes Jahr 10 000 Fledermäuse. Sie hängen kopfunter an den Felsen der unterirdischen Kalkgrube und halten ihren Winterschlaf. Dabei dürfen sie nicht gestört werden. Der tiefste Stollen der Grube führt hinunter zu zwei Seen. Am größten der beiden gibt es jede Stunde eine Multimediashow zur Geschichte der Gruben. Die Bilder werden direkt auf die Kalkfelsen projiziert. Taschenlampe mitnehmen und am besten nicht allein in die vielen Gänge und Höhlen gehen! Denn wer sich hier nicht auskennt, verläuft sich schnell. Geöffnet täglich 10–17 Uhr (April–Okt.), www.monsted-kalkgruber.dk

**Lebendiges Museumsdorf**
Im Naturschutzgebiet Hjerl Hede am Flyndersee, nahe der Stadt Skive, liegt ein Freilandmuseum. Von der Steinzeit geht es hier gleich ins 19. Jahrhundert mit Werkstätten, Oldtimer-Dampfzügen, Dampfsägewerk, Mühle, Schmiede, Böttcherei (dort werden Fässer und andere Holzgefäße hergestellt), Laden und rund 50 Höfen und Häusern. All das wird im Sommer „verlebendigt". Die Dänen nennen das „levendegøres" und meinen damit, dass Wissen lebendig und erlebbar wird. Von Ende Juni bis Anfang August mit großer, bis Ende August mit kleiner Besetzung von 13–17 Uhr.
Geöffnet: 10–17 Uhr (April–Okt.), www.hjerlhede.dk

# Kerzenziehen

Dänemark ist berühmt für seine Kerzenmanufakturen, dort stellen Kunsthandwerker in Handarbeit die schönsten Kerzen her. Eine Kerze zu ziehen, so nennt man das Kerzenmachen, ist gar nicht so schwer. Probier es aus!

**Material:**

- Bienenwachs und Kerzendochte aus dem Bastelgeschäft (statt Bienenwachs kannst du auch Kerzenstummel sammeln, je mehr, desto besser),
- eine hohe Konservendose,
- einen Topf mit Wasser,
- einen Kochlöffel,
- eine dänische Münze mit Loch,
- eine Schere,
- ein Küchenmesser, falls du Kerzenreste verwendest. Die musst du nämlich zerteilen und vom alten Docht befreien.

**Alles vorbereitet? Dann los:**

1. Füll das Wachs in die Konservendose und stell die Dose in einen Topf mit heißem Wasser. Die ideale Temperatur zum Wachsschmelzen liegt bei 80 Grad. Aber pass auf, dass das Wasser im Topf nicht kocht!
2. Das Ganze dauert eine Weile; unterdessen schneidest du dir einen Kerzendocht zu, der länger ist als die Konservendose. Befestige ein Ende des Dochtes am Stiel eines Kochlöffels. An das andere Ende knotest du die Münze als Gewicht, damit der Docht gerade hängt.
3. Nun tunkst du den Docht einmal in das heiße Wachs und ziehst ihn wieder heraus.
4. Kurz antrocknen lassen, dann erneut eintauchen. Das wiederholst du immer wieder, bis deine Kerze die gewünschte Dicke hat.
5. Zum Schluss gut trocknen lassen und den Docht zurechtstutzen.

# Die kleine Meerjungfrau

Fröhlich lebt die Meerjungfrau im Wasser, als sie plötzlich etwas Erstaunliches entdeckt. Wie geht es weiter? In den drei unteren Kästen kannst du den Comic weitermalen.

# Nordjütland

Ein Blick auf die Landkarte zeigt es: Oberhalb des Limfjordes ist Dänemark eine Insel. Der Strand dort ist 150 Kilometer lang, allein 25 Kilometer davon gehören zu Bunken Strand. Einsame Naturschutzgebiete in Dünen und Wäldern sind typisch für diese Gegend.

## Begraben im Sand

Råbjerg Mile ist eine 40 Meter hohe Wanderdüne. Der Wind verschiebt sie von Jahr zu Jahr um etwa 15 Meter nach Nordosten. So hat sie die Kirche von Skagen schon vor über 200 Jahren unter sich begraben. Nur der Turm ragt noch aus dem Sand. Eine andere Wanderdüne mit dem Namen Rubjerg Knude begräbt gerade einen Leuchtturm. Das Leuchtfeuer wurde schon am 1. August 1968 ausgeschaltet.

## Dänemark – ganz außen

Sandmilen ist Dänemarks zweitgrößte Wanderdüne. Im Jahr verschiebt sie sich um 10 Meter, 2001 waren es sogar 100 Meter! Der Sand wird ins Kattegat geweht. Nicht weit davon steht der graue Leuchtturm. 210 Stufen führen über die Wendeltreppe hinauf auf den Außenbalkon. Von hier aus reicht der Blick einmalig weit!

Die Råbjerg Mile ist eine Wanderdüne.

**!**

***Lieblingsbären***

*In Skagen gibt es das kleine, aber feine Bärenmuseum mit Teddys aller Art. Wer ein Fan der Plüschtiere ist, sollte sich einen Besuch nicht entgehen lassen. Oddevej 2a. Geöffnet: täglich 10–17 (Mai–Sept.), Mi.–So. 11–15 Uhr (Okt.–April)*

Der Sandormen fährt die Besucher ans Ende Dänemarks.

## Reise mit dem Sandwurm

In Grenen ganz oben in Skagen ist die Welt scheinbar zu Ende ... Und genau dahin fährt der Sandwurm (April bis Oktober)! Der „Sandormen" ist ein Trecker mit Waggon, der Besucher von Skagen zum äußersten Zipfel Dänemarks bringt, wo sich Ostsee und Nordsee treffen. Hier schweift der Blick über Skagerrak und Kattegat zugleich; der Skagerrak gehört zur Nordsee, das Kattegat ist ein Teil der Ostsee. Schiffe gucken macht hier richtig Spaß: Im Jahr fahren über 100 000 vorbei.

## Mal wieder Süßwasser

Nach so viel Meer und Salzwasser geht es ein Stück ins Land hinein. In Sindal beim Turistbureau werden 2er- oder 3er-Kanus vermietet. Der sanft dahinströmende Uggerby Å fließt durch eine leicht hügelige Landschaft. Pausiert und übernachtet wird im Freien.

Informationen beim Turistbureau, Jernbangade 8, oder: www.sindal-tourist.dk

## Aquapark und Badeland

Es gibt auch im höchsten Norden ein Sommerland: Fårup Sommerland ist so groß wie 55 Fußballfelder und besitzt einen der größten Aquaparks.

In Saltum, Pirupvejen 147. Geöffnet Mitte Mai–Anfang Sept.

In Skallerup Klit lockt das Badeland Atlantis.

Geöffnet: ganzjährig 8–21 Uhr

## Fische streicheln

Das Nordseemuseum in Hirtshals ist Nordeuropas größtes Aquarium. Wenn im Robbarium die Robben im Wasser nach Fischen jagen, geht es turbulent zu! Fütterungen sind täglich um 11 und 15 Uhr. Im Nordsee-Labor lassen sich die Fische sogar anfassen.

Geöffnet: 10–18 (Juli–Aug.), sonst 10–17 Uhr, www.nordsoemuseet.dk

# Dänische Feste

Viele Dänen lieben es, Feste zu feiern. Egal, ob Weihnachten, Fasching, Sommeranfang oder Ostern – einen Grund zum Feiern gibt's immer!

**Sommeranfang**

Am 23. Juni feiert ganz Dänemark den Sankt-Hans-Abend, das dänische Mittsommerfest. An Stränden und in Gärten werden Feuer entzündet, feurige Reden gehalten, und dazu wird ein Lied gesungen, in dem es heißt, die Dänen liebten ihr Land, aber ganz besonders zur Mittsommerzeit.

**Tag der Verfassung**

Ein ganz wichtiger Tag für die Dänen ist der 5. Juni. An diesem Tag im Jahre 1848 erhielt Dänemark seine erste Verfassung und wurde zu einer konstitutionellen Monarchie. Das heißt, der König blieb zwar an der Macht, durfte aber nicht mehr alles alleine entscheiden. Denn die Verfassung galt für alle Bürger Dänemarks – auch für den König.

**Waldemarstag**

Die Sage erzählt, dass am 15. Juni im Jahr 1219 der Dannebrog vom Himmel fiel. Das war in Estland, wo König Valdemar II. gegen die Heiden kämpfte. Früher war dieser Tag ein Nationalfeiertag.

**Kobold im Haus?**

Was ein Nisse ist? Das ist ein kleiner Kobold. Ein Nisse ist alt, etwa 4000 Jahre. In Häusern, in denen er geachtet wird, hilft er den Menschen. Er kann aber sehr mürrisch werden, wenn er nicht gut behandelt wird. Um ihm zu schmeicheln, sollte am Weihnachtsabend ein Teller Brei für ihn bereitstehen. Woher er stammt? Aus uralter Zeit, als die Menschen noch an Geisterkräfte glaubten. Der Julenisse hilft an Weihnachten mit den Geschenken.

**Versteckte Mandel**
Das Festessen zum Heiligabend beginnt oft mit Reisbrei. Eine einzige Mandel ist im Brei versteckt. Wer sie findet, bekommt ein kleines Geschenk. Dann wird geschlemmt mit Schweine-, Gänse- oder Entenbraten. Am 1. Weihnachtstag kommt die ganze Familie zusammen.

**Wo wohnt der Weihnachtsmann?**
Die Dänen sind sich ganz sicher: in Grönland! Kinder schreiben ihre Wunschzettel an: Weihnachtsmann, 2412 Grönland. Der Weihnachtsmann hat dort sogar eine eigene Homepage: www.santa.gl
Er ist übrigens auch im Juli auf dem Kongress der Weihnachtsmänner aller Welt dabei, der im Vergnügungspark Bakken bei Kopenhagen stattfindet.

> **!**
>
> ***Fasching zu Pfingsten?***
> *Ja, weil es im Februar oder März noch so kalt ist, findet die große Faschings-Parade in Kopenhagen immer erst an Pfingsten statt.*

**Narrenpost**
In Dänemark werden zu Ostern von einigen Leuten „gækkebreve" verschickt, Narrenbriefe. Der Brief enthält einen kurzen Reim, aber ohne Absender, nur mit Pünktchen für deinen Namen! Errät der Empfänger den Absender, bist du der gæk. Errät er ihn nicht, ist er es. Wer Narr ist, muss dem anderen einen Kuss geben, ein Osterei schenken oder ein Fest ausrichten.

**Fasching mit Katze**
Auch Fasching feiern Dänen gern wie wir: mit Verkleidung. In einigen Städten finden sogar Umzüge statt. Zur dänischen Tradition gehört auch das Katzenschlagen. Hört sich gemein an? Ja, aber heute wird nur noch auf ein Holzfass eingeschlagen, auf das eine Katze gemalt ist. Früher steckte sie wirklich im Fass ... Die Katze symbolisiert die dunklen Mächte.

# Route 4: Århus

Århus ist die kleinste Großstadt der Welt und Dänemarks zweitgrößte Stadt.

**Tipps vorweg:** Mit dem Århus-Pass können kostenlos die öffentlichen Verkehrsmittel benutzt, Sehenswürdigkeiten angeschaut und im Sommer eine Stadtrundfahrt gemacht werden. Erhältlich bei VisitÅrhus, Barnegårdspladsen 20. City-Bikes zum Ausleihen gibt es in Århus auch.

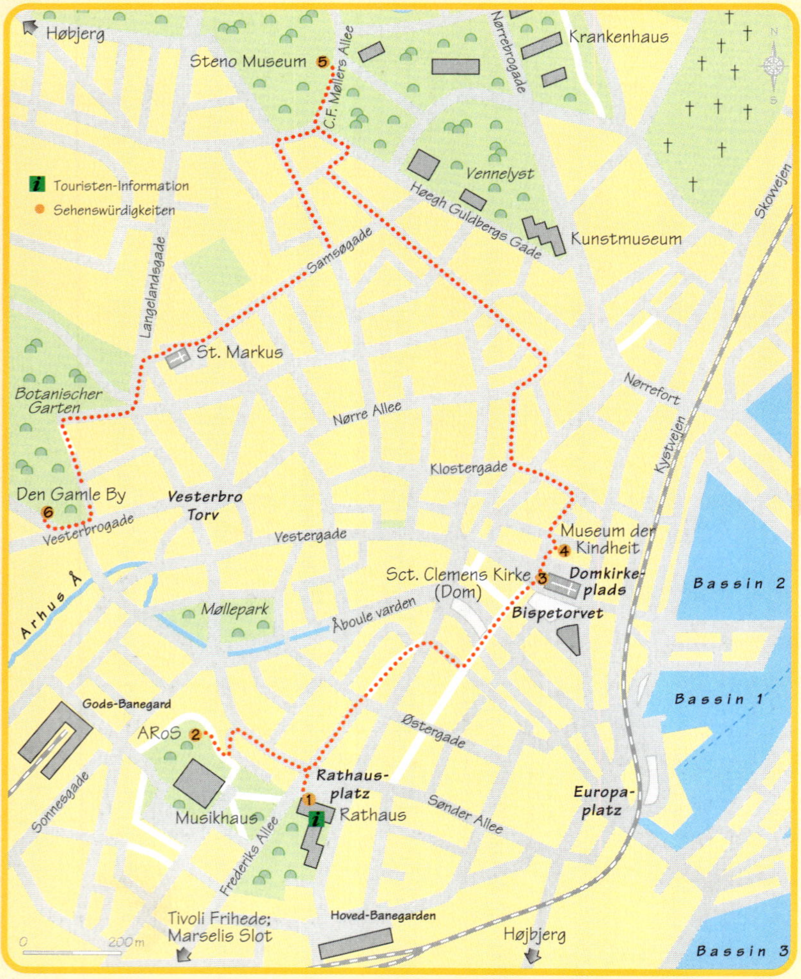

## *Los geht's*

### 1 Das Rathaus

Am Rathausplatz beginnt der Weg, und zwar gleich mit Treppensteigen: Für einen ersten Überblick geht es hinauf auf den Turm! Von hier oben kannst du den Dom sehen.

Geöffnet tägl. 12+14, im Sommer zusätzlich Mo.–Fr. 11 Uhr

### 2 Das Kunstmuseum ARoS

Jetzt ist ein Besuch im erst 2005 eröffneten Kunstmuseum ARoS angesagt. Es ist eines der größten in Nordeuropa und sieht sehr modern aus: lauter Glas und Stein. Was dort zu sehen ist: Kunst vom 17. Jahrhundert bis in die Gegenwart. Außerdem bietet das Restaurant im obersten Stockwerk einen Panoramablick auf Stadt und Ostsee. Geöffnet: Di.–So. 10–17, Mi. bis 22 Uhr

### 3 Sct. Clemens Kirke

Jetzt aber zum Dom. Dahin geht es durch die Fußgängerzone. Am Bispetorvet ist schließlich die Sct. Clemens Kirke – so heißt der Dom von Århus. Er wurde von 1200 bis 1500 gebaut.

Geöffnet: Mo.–Sa. 9.30–16, Di. 10–16 (Mai–Sept.), Mo.–Sa. 10–15 Uhr (Okt.–April)

Ein Blick in die verschlungene Welt des ARoS.

### 4 Das Museum der Kindheit

Gleich am Dom liegt das Frauenmuseum, in dem nicht nur die Geschichte der Frauen von der Urzeit bis

**!**

***Ein Fluss verschwindet und taucht wieder auf***

*Durch die Stadt fließt eigentlich ein Fluss, der Århus Å. Doch wo ist er? Man schüttete ihn zu, damit breitere Straßen gebaut werden konnten. Aber inzwischen wurde er an einigen Abschnitten wieder freigelegt. Und genau dort sind jetzt viele Cafés, in denen es sich wunderbar am Wasser sitzen lässt.*

heute erzählt wird. Dort ist auch das Museum der Kindheit. Die Ausstellung zeigt, wie Kinder zu verschiedenen Zeiten – von 1870 bis 1980 – unter ganz unterschiedlichen Bedingungen aufgewachsen sind. Zum Beispiel Carl, geboren 1865, hatte elf Geschwister. Oder Anna, geboren 1905, wuchs mit sechs Geschwistern auf. Wie kleideten sich die Kinder? Wie sah es in ihrer Schule aus? Hatten sie Spielzeug oder Bücher? Mussten sie arbeiten?

Geöffnet: Di.–Fr. 10–16, Mi.–20, Sa. u. So. 11–16 Uhr (Sept.–Mai), Mo.–Fr. 10–17, Mi.–20, Sa. u. So. 11–17 Uhr (Juni–Aug.)

### 5 Im Steno Museum

Im Steno Museum im Universitätspark wird die Geschichte der Wissenschaft gezeigt. Spielen und experimentieren, in der Multimediashow im Planetarium in die Sterne gucken, einen Blick auf schauerliche medizinische Geräte oder in eine alte Zahnarztpraxis werfen – all das gehört dazu. Das Museum liegt in der C.F. Møllers Allee 100.

Geöffnet: Di.–Fr. 9–16, Sa./So. 11–16 Uhr

Historisches Leben in Den Gamle By.

### 6 Die alte Stadt

Den Gamle By, die „Alte Stadt", ist das wohl schönste Dorf eines dänischen Freilichtmuseums. Beim Gang über die kleinen Gassen mit dem Kopfsteinpflaster fühlt man sich in frühere Zeiten zurückversetzt. Sogar eine historische Gaststätte gehört dazu. Oder man lässt sich im Madkassen – Brotkasten heißt das – schmecken, was man selbst mitgebracht hat. Es gibt auch ein großes Spielzeugmuseum und in den Ferien finden viele Aktionen für Kinder statt! Während der Ferien und zu Weihnachten ist die „Alte Stadt" sehr belebt!

Geöffnet: täglich 10–16 (Febr. u. März, Nov. u. Dez.), 10–17 (April u. Mai, Sept. u. Okt.), 9–18 Uhr (Juni u. Aug.), 11–15 Uhr (Jan.)

# Und nun geht es raus aus Århus!

## Eine Hafenrundfahrt

Eine andere Perspektive bietet eine Hafenrundfahrt. In der Århuser Bucht kreuzen auch das schöne Segelschiff „Johanne Luise" und der Schoner „Brita Leth". Hier kann sogar an Bord übernachtet werden, aber auch Tagesfahrten sind möglich.

Informationen im Turistbureau im Rathaus

## Viel Vergnügen im Tivoli Friheden

Auch Århus hat einen Vergnügungspark. Tivoli Friheden liegt im Süden. Karussell, Hüpfburg, Boote, Drachen-Wasserrutsche – hier finden sich viele Attraktionen für Kinder.

Wechselnde Öffnungszeiten! Informationen unter Tel.: 00 45 / 458 64 73 00

## Aus dem Moor

Nicht weit von Århus, in Højbjerg, ist das Moesgard Museum mit spektakulären Fundstücken aus Eisen-, Stein- und Wikingerzeit. Schon mal was vom Grauballemann gehört? Er wurde aus dem Moor geborgen und ist nach 2000 Jahren so gut erhalten, dass er aussieht, als würde er nur schlafen. Vom Museum aus gelangt man auf dem drei Kilometer langen Altertumspfad, vorbei an rekonstruierten Hütten und Grabhügeln aus vorgeschichtlicher Zeit, zum Strand.

Geöffnet: täglich 10–17 (April u. Sept.), übrige Zeit 10–16, Mo. geschlossen

Das Sommerschloss der Königsfamilie: Marselisborg.

**!**

***Ferien im Schloss***

*Aber nur für die Königliche Familie! Schloss Marselisborg ist die Sommerresidenz der dänischen Königsfamilie. In den Park dürfen Besucher nur dann gehen, wenn Königs nicht zu Hause sind. Sind sie da, zieht täglich um 12 Uhr die Königliche Garde auf.*

# Deine Erlebnisse

Das war spannend: ..........................................

..........................................

..........................................

..........................................

..........................................

Das war lustig: ..........................................

..........................................

..........................................

..........................................

..........................................

Das war doof: ..........................................

..........................................

..........................................

..........................................

..........................................

# Platz zum Malen, Kleben, Schreiben ...

# Dänisches Wörterbuch

Einige Buchstaben kommen dir im dänischen Alphabet bestimmt seltsam vor. æ klingt wie das deutsche ä, ø wie ö, å wie ein tiefes, kehliges o; hj wird wie j gesprochen, hv wie w, y wie ü, egn wie a-in, ogn wie o-un. Ist doch gar nicht so schwer?

| | |
|---|---|
| **Auf Wiedersehen** | Farvel |
| **Briefmarken** | frimærker |
| **Brötchen** | rundstykke |
| **Danke** | Tak |
| **Entschuldigung** | Undskyld |
| **Fisch** | fisk |
| **Guten Abend** | Godaften |
| **Guten Morgen** | Godmorgen |
| **Guten Tag** | Goddag |
| **Hallo** | Hej |
| **Ich heiße ...** | Jeg hedder |
| **Ich komme aus Deutschland** | Jeg kommer fra Tyskland |
| **Ich spreche nur ein bisschen Dänisch** | Jeg taler kun lidt dansk |
| **Milch** | mælk |
| **Mineralwasser** | mineralvand |
| **Nein** | nej |
| **Postkarte** | postkort |
| **Rote Grütze mit Sahne** | rødgrød med fløde |
| **super, tol** | super |
| **Tasse** | kop |
| **Teller** | tallerken |
| **Wie heißt du?** | Hvad hedder du? |
| **Wo ist die Toilette?** | Hvor er toilettet? |

**Zählen auf Dänisch**

| | |
|---|---|
| **0** = nul | |
| **1** = en, et | **6** = seks |
| **2** = to | **7** = syv |
| **3** = tre | **8** = otte |
| **4** = fire | **9** = ni |
| **5** = fem | **10** = ti |

# Zu Hause in Dänemark

Stell dir vor, du würdest in Dänemark leben. Wie sähe dein Alltag aus?

**Schule auf Dänisch**

Mit sechs Jahren würdest du in die Vorschule kommen, die børnehaveklasse genannt wird. Wenn du sieben Jahre alt bist, beginnt die Grundschule, die grundskole. Die dauert dann neun Jahre. Erst danach entscheidet sich, ob du noch ein Jahr die Hauptschule besuchst oder zum Gymnasium wechselst. Das besuchst du dann noch drei weitere Jahre.
In Kopenhagen würdest du vielleicht in die deutsch-dänische Schule gehen. Unterrichtet wird teils in Deutsch, teils in Dänisch, je nachdem, ob der jeweilige Lehrer ein Deutscher oder ein Däne ist.

**Keine Angst vor Noten!**

Vom 1. bis zum 7. Schuljahr müssen sich dänische Schüler keine Sorgen um Schulnoten machen: Sie bekommen nur schriftliche Beurteilungen. Erst ab der achten Klasse gibt es Zensuren. Dänische Schulnoten sind ganz anders als bei uns. Mit der 0 fängt es an – das ist die mieseste Note, ganz im Keller sozusagen. 1, 2, 3, es geht aufwärts. Die 11 ist die beste Note. Eine 12 gibt es nicht. Aber in ganz seltenen Fällen wird eine 13 vergeben – für sensationelle Leistungen.

**Dänen in Deutschland**

Im Norden Deutschlands, in Schleswig-Holstein nahe der dänischen Grenze, lebt eine dänische Minderheit. Wusstest du, dass es in Deutschland 48 dänische Schulen gibt? Der Unterricht findet in Deutsch und Dänisch statt.

**Und Deutsche in Dänemark**

In der dänischen Region Sønderjylland gibt es auch eine deutsche Minderheit. Sie hat sogar eine eigene deutschsprachige Tageszeitung.

# Bornholm

Bornholm ist als Sonneninsel Dänemarks bekannt. Hier wachsen sogar Feigenbäume – wie am Mittelmeer. Vor allem an der Südspitze Bornholms ist der Sand so fein, dass er früher für Sanduhren verwendet wurde.

**Geheimnisvolle Runen**

Der Hauptort von Bornholm heißt Rønne. Auf dem Weg nach Hasle triffst du nach etwa neun Kilometern auf den Brogårdstenen. Das ist ein uralter Runenstein. Runen sind die Schriftzeichen der Wikinger. In den Stein wurde um das Jahr 1100 herum eine Inschrift eingemeißelt: *„Svenger ließ diesen Stein errichten für seinen Vater Toste und für seinen Bruder Alvlak und für seine Mutter und seine Schwestern."*

**Gruselige Gemäuer**

Auf nach Hammershus, das 1250 erbaut wurde! Es ist die größte mittelalterliche Burgruine von ganz Nordeuropa! Stolz thront sie auf einem 74 Meter hohen Felsen über dem Meer, ein Stück südwestlich vom Leuchtturm von Hammeren.

Eine 750 Meter lange Ringmauer umgibt Hammershus.

Spaß im Joboland.

**Eine Zeitreise …**

… ins Mittelalter verspricht der Besuch des Middelaltdercenters in Rågelundsgård am Stangevej: Du kannst dich im Bogenschießen üben, weben, schmieden und andere alte Handwerkskünste ausprobieren.

Geöffnet: täglich 10–16 Uhr (Juni–Aug.)

**Toben im Joboland**

In Gummireifen durch tosende Fluten schlingern, über schwindelerregende Brücken balancieren, Wasserschlachten schlagen – all das geht im ältesten Vergnügungspark Dänemarks, dem Joboland. Übrigens sollen unter der Erde Wichtel hausen … Der Park liegt drei Kilometer südwestlich von Svaneke in Brændesgårdshaven.

Geöffnet: täglich 10–18 Uhr (Mai–Sept.), www.joboland.dk

**Auf die Klippen!**

Südlich von Allinge ragen die Helligdomsklipperne, die Heiligtumsklippen, aus dem Meer. Viele Höhlen und Grotten verstecken sich hier. Sie tragen so seltsame Namen wie „Schwarzer Topf" und „Trockener Ofen". Manche sind nur mit dem Boot zugänglich, wie zum Beispiel „Nasser Ofen". Einzelne Felsen sehen aus wie Türme und sind bis zu 22 Meter hoch. Sie heißen Felsnadeln.

**!**

***Schokofeine Sache!***

*Wer nach Snogebæk kommt, läuft einfach der Nase nach und kommt dann ganz sicher in die Hovedgaden 9: Hier befindet sich eine Schokoladenwerkstatt, in der dänische Pralinen hergestellt werden.*

## Das gibt es außerdem

**Zischen im Danfoss Universe**

Im Eistunnel kalbt der Gletscher. Blitze zucken. Vulkane speien Lava. Jede Minute springt zischend der Geysir in die Höhe. Im Danfoss Universe, das 2005 eröffnet wurde, geht es um Natur- und Wissenschaftsphänomene, um Wärme, Kälte und Bewegung. Hier darf alles angefasst und ausprobiert werden. Mads Patentvej in Nordberg, geöffnet: 10–18 Uhr (April–Okt.), 10–17 Uhr (Nov.–März)

**Wilder Tropenzoo in Randes Regnskov**

Aus dem dichten Grün äugen Gibbons, Flughunde schwirren umher, Schlangen kriechen am Boden ... Wo kann das sein? In Afrika? In Asien? Im Tropenzoo Randers Regnskov! Es geht durch große feuchtwarme Räume unter hohen Kuppeln. Oder auch über eine Hängebrücke, die hoch oben in den Baumwipfeln schwankt. Unten paddeln Seekühe im Wasser. Die Führungen am Abend sind zwar nur auf Englisch oder Dänisch, aber trotzdem interessant, weil dann auch Tiere zu sehen sind, die sich am Tag nur selten blicken lassen.

Tørvebryggen 11 in Randers, geöffnet: 10–16 Uhr, Sa./So. 10–17 Uhr

**Die Fregatte Jütland**

Im Hafen von Ebeltoft liegt das über 140 Jahre alte Kriegsschiff Jütland, die „Jylland". 430 Leute gehörten früher zur Mannschaft. Wer an Bord geht, kann sich gut vorstellen, wie eng das war! In der bequemen

Kapitänskajüte sah es allerdings etwas anders aus als in den Mannschaftsquartieren ....

Geöffnet: 10–16 Uhr (Jan.–März, Nov. u. Dez.), 10–17 Uhr (April–Juni, Sept. u. Okt.), 10–19 Uhr (Juli u. Aug.)

**Und noch ein Schloss ...**

Egeskov auf Fünen ist nicht nur ein richtiges Wasserschloss, sondern auch ein echter Abenteuerspielplatz. Mit Labyrinth, Motorradmuseum, Draculas Gruft und dem aufregenden Tree-Top-Walking: In einem Teil des 130-jährigen Schlosswaldes führt in einer Höhe von 10 bis 15 Metern ein Baumpfad durch die Wipfel. Auf der 100 Meter langen Strecke geht es dann von einer Baumkrone zur anderen. Informationen bei Egeskov Schloss, Egeskov Gade 18, Kværndrup oder unter www.egeskov.dk

Das Wasserschloss Egeskov hat viel Spannendes zu bieten.

### Mini-Dolmen

Vielleicht hast du schon einige der seltsamen Felsbauten gesehen, die in Dänemark zu finden sind: Die Dolmen sind steinzeitliche Gräber, aus gewaltigen Findlingssteinen errichtet. Vier bis sechs senkrecht aufgestellte Steine tragen eine große Steinplatte. So einen Dolmen im Miniformat kannst du dir aus Kieseln nachbauen. Wenn du mit aufmerksamem Blick suchst, findest du bestimmt passende Steine.

*Material:*

- sechs möglichst gleich große Steine,
- ein großer flacher Stein als Abdeckung,
- stabile Pappe oder ein Holzbrett,
- Kontaktkleber

Der Grundriss ist rechteckig. Stell deine Steine erst probeweise auf. Vielleicht musst du den einen oder anderen Stein noch austauschen, damit am Ende alles gut passt. Dann klebst du die Tragsteine auf die Unterlage und legst zum Schluss den flachen Deckstein auf.

### Noch mehr Kieseleien

Mit Steinen lässt sich noch eine ganze Menge anfangen. Du kannst ihnen mit Filzstiften Gesichter aufmalen. Oder eine Steinschnecke legen – die großen Steine nach außen. Mit jeder Drehung nach innen werden die Steine immer kleiner. Der schönste kommt in die Mitte. Willst du die Steinschnecke aufkleben? Dann nimm am besten ein Holzbrett als Unterlage.

### Stein auf Stein

Probier mal aus, wie hoch du einen Turm aus Steinen aufschichten kannst! Such dir dazu möglichst flache Kiesel. Mit kleinen Steinchen kannst du wacklige Zwischenräume ausfüllen und deinen Turm stabilisieren.

# Runen und andere Geheimzeichen

Die alten Wikinger haben uns rätselhafte Inschriften hinterlassen – Runenzeichen, die sie in Holz oder Stein ritzten.
Um deine eigene Runenschrift zu erfinden, brauchst du ein Runenalphabet. Und das geht so:
Schreib dir das normale Alphabet auf. Für jeden Buchstaben denkst du dir dann ein Zeichen aus, das du daneben malst.

*Tipp:*
Am meisten Spaß macht es natürlich, Geheimbotschaften mit anderen zu tauschen. Dazu müssen aber alle den gleichen Code haben: eine Kopie der Runenzeichen, die ihnen verrät, welches Zeichen für welchen Buchstaben steht.

Was steht wohl auf diesem Runenstein?

**Wfstdijfcfo!**
Eine ganz einfache Geheimschrift erhältst du, wenn du einfach jeden Buchstaben um eine Stelle im Alphabet nach hinten verschiebst, wie in der Überschrift. Oder um zwei Stellen nach vorne: Npmzgcp cq!

# Dänemarks berühmtester Dichter

Der Märchenautor Hans Christian Andersen.

Hans Christian Andersen ist Dänemarks berühmtester Schriftsteller. Am bekanntesten sind seine über 160 Märchen, zum Beispiel: *Die Prinzessin auf der Erbse, Des Kaisers neue Kleider* oder auch *Die kleine Meerjungfrau.* Andersen wurde am 2. April 1805 in Odense geboren und wuchs in armen Verhältnissen auf. Er liebte das Lesen, aber die Schule besuchte er nur kurz, weil der Familie das Geld fehlte. Mit 14 Jahren machte sich Andersen auf nach Kopenhagen. Dank der finanziellen Unterstützung durch verschiedene Gönner war das möglich.

**Erste Reiseberichte**

Auf den Reisen erwachte Andersens literarisches Talent: Um 1835 erfand Andersen seine ersten Märchen für Kinder, die ihn schon bald weltweit bekannt machten. Später überarbeitete Hans Christian Andersen seine Märchen immer wieder und entwickelte sie weiter, bis daraus eine Märchenwelt auch für Erwachsene entstand.

**Endlich Erfolg!**

Mit den Märchen hatte Andersen riesigen Erfolg. Von 1838 an erhielt er ein Dichtergehalt vom dänischen Staat und hatte fortan keine finanziellen Sorgen mehr. Im Alter von 70 Jahren starb er am 4. August 1875 in Kopenhagen.

**Was ist anders bei Andersen?**

Anders als die Märchen der Brüder Grimm sind die Geschichten von Andersen „Kunstmärchen". Das heißt: Andersen hat sie sich ausgedacht, sie sind also „künstlich". Die Volksmärchen dagegen leiten sich von uralten Sagen und Mythen ab. Sie wurden von Generation zu Generation weitererzählt und später aufgeschrieben.

# Des Kaisers neue Kleider

erzählt von Hans Christian Andersen

Vor vielen Jahren lebte ein Kaiser, der so ungeheuer viel auf neue Kleider hielt, dass er all sein Geld dafür ausgab, um recht geputzt zu sein. Er hatte einen Rock für jede Stunde des Tages, und wie man sonst von einem König sagt, er sei im Rat, so sagte man hier immer: „Der Kaiser ist in der Garderobe!"
In die große Stadt, in der er wohnte, kamen eines Tages auch zwei Betrüger, die gaben sich für Weber aus und sagten, dass sie das schönste Zeug, dass man sich denken könne, zu weben verständen. Die Kleider, die von dem Zeuge genäht würden, besäßen obendrein die wunderbare Eigenschaft, dass sie für jeden Menschen unsichtbar seien, der nicht für sein Amt tauge oder der unverzeihlich dumm sei.
„Das wären ja prächtige Kleider", dachte der Kaiser, „wenn ich die anhätte, könnte ich dahinterkommen, welche Männer in meinem Reiche zu dem Amt, das sie haben, nicht taugen. Ich könnte die Klugen von den Dummen unterscheiden! Ja, das Zeug muss sogleich für mich gewebt werden!"
Er gab den beiden Betrügern viel Handgeld, damit sie ihre Arbeit beginnen sollten. Sie stellten auch zwei Webstühle auf und taten, als ob sie arbeiteten, aber sie hatten nicht das Geringste auf dem Stuhl.
„Nun möchte ich doch wissen, wie weit sie mit dem Zeug sind!", dachte der Kaiser. „Ich will meinen alten, ehrlichen Minister zu den Webern senden, denn er hat Verstand, und keiner versieht sein Amt besser als er!" Nun ging der alte, gute Minister in den Saal hinein, wo die Betrüger saßen und an den leeren Webstühlen arbeiteten.
„Gott behüte uns!", dachte der alte Minister und riss vor Entsetzen die Augen auf. „Ich kann ja nichts erblicken!" Aber das sagte er nicht. Die Betrüger baten ihn näher zu treten und fragten, ob es nicht ein hübsches Muster und schöne Farben seien. Dabei zeigten sie auf den leeren

Webstuhl, und der arme, alte Minister mochte noch so sehr die Augen aufreißen, er konnte nichts sehen, denn es war ja auch gar nichts da.
„Herr Gott", dachte er, „sollte ich wirklich so dumm sein? Oder sollte ich nicht zu meinem Amte taugen? Nein, es geht nicht an, dass ich erzähle, ich könne das Zeug nicht sehen!"
„Nun, Sie sagen ja nichts dazu?", fragte der eine von den Webern.
„Oh, es ist niedlich, ganz allerliebst!", antwortete der alte Minister und sah durch seine Brille. „Dieses Muster und die Farben! Ja, ich werde dem Kaiser sagen, dass es mir sehr gefällt!"
„Nun, das freut uns!", sagten beide Weber, und darauf nannten sie die Farben mit Namen und erklärten das seltsame Muster. Der alte Minister merkte gut auf, damit er dem Kaiser dasselbe sagen könne.
Alle Menschen in der Stadt sprachen von dem prächtigen Gewebe. Nun wollte der Kaiser es selbst einmal sehen. Mit einer ganzen Schar auserwählter Männer ging er zu den beiden listigen Betrügern, die aus allen Kräften webten, aber ohne Faser oder Faden.
„Was", dachte der Kaiser, „ich sehe gar nichts! Das ist ja schrecklich! Bin ich dumm, oder tauge ich nicht dazu, Kaiser zu sein? Das wäre das Schrecklichste, was mir begegnen könnte." –
„Oh, es ist sehr hübsch", sagte er. „Es hat meinen allerhöchsten Beifall!"
Und er nickte zufrieden und betrachtete den leeren Webstuhl, denn er wollte nicht sagen, dass er nichts sehen könne.
Das ganze Gefolge, das er bei sich hatte, guckte und guckte, aber es bekam nicht mehr heraus als alle anderen. Doch sagten sie ebenso wie der Kaiser: „Oh, das ist hübsch!" Und sie rieten ihm, diese neuen, prächtigen Kleider das erste Mal bei dem großen Feste, das bevorstand, zu tragen.
Die ganze Nacht vor dem Festtag waren die Betrüger auf und hatten über sechzehn Lichter angezündet. Die Leute konnten sehen, dass sie stark beschäftigt waren, des Kaisers neue Kleider fertig zu machen. Sie taten, als ob sie das Zeug von dem Webstuhl nähmen, sie schnitten mit großen Scheren in die Luft, nähten mit Nähnadeln ohne Faden und sagten zuletzt: „So, nun sind die Kleider fertig!"

Der Kaiser mit seinen vornehmsten Beamten kam selbst, und beide Betrüger hoben den einen Arm in die Höhe, gerade als ob sie etwas hielten, und sagten: „Seht, hier sind die Beinkleider! Hier ist der Rock! Hier der Mantel!", und so weiter. „Es ist so leicht wie Spinnwebe; man sollte glauben, man habe nichts auf dem Körper, aber das ist gerade das Besondere dabei!"

Der Kaiser legte seine Kleider ab, und die Betrüger stellten sich, als ob sie ihm jedes Stück der neuen Kleider anzögen, die fertig genäht sein sollten, und der Kaiser wendete und drehte sich vor dem Spiegel.

„Ei, wie gut die kleiden. Wie herrlich sie sitzen!", sagten alle. „Draußen stehen sie mit dem Thronhimmel, der über Euer Majestät getragen werden soll!", meldete in diesem Augenblick der Oberzeremonienmeister.

„Seht, ich bin fertig!", sagte der Kaiser. „Sitzt es nicht gut?" Und dann wendete er sich nochmals zum Spiegel; denn es sollte scheinen, als ob er seine Kleider recht betrachtete.

Die Kammerherren, welche die Schleppe tragen sollten, griffen mit den Händen gegen den Fußboden, als ob sie die Schleppe aufhöben. Sie gingen und taten, als hielten sie etwas in der Luft und wagten nicht, es sich merken zu lassen, dass sie nichts in ihren Händen hielten.

So ging der Kaiser unter dem prächtigen Thronhimmel, und alle Menschen auf der Straße und in den Fenstern sprachen: „Wie schön sind des Kaisers neue Kleider! Welche Schleppe er an seinem Mantel hat! Wie gut alles sitzt!" Keiner wollte es sich merken lassen, dass er nichts sah, denn dann hätte er ja nicht zu seinem Amt getaugt oder wäre sehr dumm gewesen.

„Aber er hat ja gar nichts an!", plapperte endlich ein kleines Kind.

„Hört die Stimme der Unschuld!", sagte der Vater, und der eine zischelte dem anderen zu, was das Kind gesagt hatte.

„Aber er hat ja gar nichts an!", rief zuletzt das ganze Volk.

Das ergriff den Kaiser, denn das Volk schien doch recht zu haben, aber er dachte bei sich: ‚Nun muss ich es durchhalten!', Und die Kammerherren gingen noch straffer und aufrechter und trugen die Schleppe, die gar nicht da war, mit Würde und Ergebenheit.

# Dänische Rezepte

Was gibt es zu essen in Dänemark? Keineswegs nur die roten Würstchen, pølser genannt. Nach traditionellen dänischen Rezepten zu kochen oder zu backen ist nicht ganz einfach – aber es macht Spaß!

**Kartoffelbrei, gebratene Zwiebeln und Speck**
„Brændende kærlighed" heißt dieses Gericht auf Dänisch, übersetzt bedeutet das: „Brennende Liebe". Der Kartoffelbrei kommt nicht aus der Tüte!

*Du brauchst:*
1 kg Kartoffeln, 250 ml Milch und einen Schuss Sahne, 1 El Butter oder Margarine, Salz und Pfeffer, 250 g Schinkenspeck (dünn geschnitten), 5 rote Zwiebeln

*So geht's:*
Kartoffeln schälen und kochen. Sie sollten weich sein, aber nicht zerfallen. Wasser abgießen, Kartoffeln klein und matschig stampfen. Milch mit der Sahne kurz aufkochen lassen, Kartoffelbrei gut untermischen. Butter oder Margarine einrühren, Salz und Pfeffer nach Geschmack. Jetzt lässt du dir am besten helfen, denn Zwiebeln schneiden macht wenig Spaß und Braten ist nicht ungefährlich. Schinkenspeck in Würfel, Zwiebeln in Ringe schneiden. Zusammen in einer Pfanne anbraten. Über den Kartoffelbrei geben.

**Smørrebrød**
Was in anderen Ländern das belegte Brot oder der Sandwich ist, ist in Dänemark das Smørrebrød, das Butterbrot. Das wird immer fantasievoll mit vielen Zutaten belegt. Es ist ganz einfach, du kannst dir auch selbst etwas einfallen lassen, je nachdem, was du gerne isst. Die Brotscheiben sind dünn, der Belag dafür umso dicker.

Zum Beispiel:
*mit Schinken*
1 Scheibe Roggenbrot mit Butter bestreichen, 1 Scheibe Schinken darauf, mit Gurkenscheiben belegen und mit Petersilie garnieren.

*mit Blauschimmelkäse*
1 Scheibe Roggenbrot dick mit Butter bestreichen, eine Schicht Käse darauf, mit Radieschenscheiben belegen und mit wenig Frühlingszwiebeln garnieren.

**Rødgrød med fløde**
Rote Grütze mit Sahne ist etwas für den Sommer, wenn die Früchte reif sind und frisch in die Rote Grütze kommen.

*Du brauchst:*
500 g frische Früchte, v. a. schwarze und rote Johannisbeeren, Himbeeren, Brombeeren, Kirschen, 300 ml Wasser, 100 g Zucker, 2 El Stärke

*So geht's:*
Die Früchte kalt abspülen. Im Wasser kochen lassen, in einem Sieb abtropfen lassen. Den Saft nicht wegschütten, sondern in einem Topf auffangen! Saft aufkochen lassen, den Zucker darin auflösen. Stärke in einer Tasse mit kaltem Wasser auflösen – es dürfen keine Klümpchen darin sein –, zum Saft geben. Alles gut verrühren, nicht mehr kochen. Nach Geschmack können die Früchte wieder dazugegeben werden. Rote Grütze abkühlen lassen und mit flüssiger Sahne servieren.

# Dänemark-Quiz

Inzwischen bist du bestimmt schon Dänemark-Spezialist – dann kannst du diese Quizfragen ohne nachzudenken beantworten. Kreuze die Lösungen an. Die Auflösung findest du auf Seite 94.

**1. In welcher Stadt sitzt die kleine Meerjungfrau?**
a. Kopenhagen
b. Århus
c. Nykøbing

**2. Wie heißt der berühmteste dänische Dichter mit Nachnamen?**
a. Andermann
b. Andersson
c. Andersen

**3. In welcher Stadt findet jedes Jahr der große Wikinger-Markt statt?**
a. Odense
b. Ribe
c. Aalborg

**4. Wie heißt die dänische Flagge?**
a. Pølser
b. Rødgrød
c. Dannebrog

**5. Wie verabschiedet man sich auf Dänisch?**
a. Farvel
b. Farewell
c. Faregod

**6. Die großen Steingräber aus der Steinzeit heißen:**
a. Pyramiden
b. Hünengräber
c. Dolmen

**7. Welche Farbe hat die Flagge, die an umweltgeprüften Stränden weht?**
a. rot
b. grün
c. blau

**8. Das Schloss der dänischen Königin in Kopenhagen heißt...**
a. Egeskov
b. Margrethenborg
c. Amalienborg

**9. Wie heißt der Turm in Kopenhagen, in dem schon Andersen saß?**
a. Elfenbeinturm
b. Runder Turm
c. Grauer Turm

**10. „Ti“ ist das dänische Zahlwort für:**
a. drei
b. zehn
c. hundert

**11. Was heißt auf Dänisch „Danke“?**
a. Takke
b. Tuk
c. Tak

**12. Welche von diesen Inseln gehört nicht zu Dänemark?**
a. Bornholm
b. Borkum
c. Langeland

**13. Was sind Findlinge?**
a. Runen
b. Steine
c. Schiffe

**14. Was heißt rote Grütze mit Sahne?**
a. Rødgrød med fløde
b. Brændende kærlighed
c. Smørrebrød

**15. Wie groß ist Grønland?**
a. 751 300 Quadratkilometer
b. 60 100 800 Quadratkilometer
c. 2 175 600 Quadratkilometer

**16. Wo liegt die Dänemark-Straße?**
a. zwischen Grønland und Island
b. zwischen Norwegen und Schweden
c. zwischen Dänemark und Deutschland

# Neu kennengelernt …

… habe ich in diesen Ferien:

Name: ......................

............................

Straße: ....................

PLZ/Ort: ...................

Land: ......................

E-Mail: ....................

Name: ......................

............................

Straße: ....................

PLZ/Ort: ...................

Land: ......................

E-Mail: ....................

Name: ......................

............................

Straße: ....................

PLZ/Ort: ...................

Land: ......................

E-Mail: ....................

Name: ......................

............................

Straße: ....................

PLZ/Ort: ...................

Land: ......................

E-Mail: ....................

Name: ......................

........................

Straße: ....................

PLZ/Ort: ...................

Land: ......................

E-Mail: ...................

Name: ......................

........................

Straße: ....................

PLZ/Ort: ...................

Land: ......................

E-Mail: ...................

Name: ......................

........................

Straße: ....................

PLZ/Ort: ...................

Land: ......................

E-Mail: ...................

Name: ......................

........................

Straße: ....................

PLZ/Ort: ...................

Land: ......................

E-Mail: ...................

# Im Falle eines Falles

Hier kannst du wichtige Telefonnummern eintragen, falls du deine Eltern mal verlierst oder nicht mehr weiterweißt.

**Mama und Papa Handy:**

..................................

..................................

**Andere wichtige Nummern:**

..................................

..................................

**Polizei:** 110

**Feuerwehr:** 112

**Notarzt:** 112

Auflösung von Seite 29: Nein, es sind Reiher!

Auflösung von Seite 31: Die Königliche Bibliothek.

Auflösung von Seite 90 und 91: 1a, 2c, 3b, 4c, 5a, 6c, 7c, 8c, 9b, 10b, 11c, 12b, 13b, 14a, 15c, 16a

Auflösung von Seite 56:

www.beltz.de

Neue Rechtschreibung
Idee und Reihenlayout: Groothuis, Lohfert, Consorten, Hamburg
Einbandfoto: Hans-Peter Merten (Getty Images)
Karten: Peter Palm, Berlin
Herstellung: Julia Rissler, Weinheim
Repro: iccprint, Biblis-Wattenheim
Druck: Druck Partner Rübelmann, Hemsbach
Bindung: Druckhaus »Thomas Müntzer«, Bad Langensalza
Printed in Germany
ISBN 978-3-407-75335-9
1 2 3 4 5 11 10 09 08 07

Fotonachweis:
S. 4, 13 (Niclas Jessen); 16 (Henrik Stenberg); 21 (Ole Alehøj); 23, 61, 78 (Jørgen Schytte); 25, 27, 39, 44, 47, 49, 51, 73, 83 (Cees van Roeden); 36 (Morten Bjarnhof); 29, 39, 81 (Bob Krist); 28, 68/59 (Thomas Nykrog); 30, 84 (ukendt); 40,71 (Ditte Isager); 49 (Bent Nonsky), 62 (Reiner Büchtmann); 66 (Niels Thye); 67 (John Sommer); 72 (Morten Jac): alle über www.visitdenmark.dk; 17: Keith (ullstein bild); 31, 33, 45: C. Toll; 32: www.tivoli.de; 46: Rømø Turistbureau; 51: Ribe Erhvervs & Turistråd; 54, 55: Legoland (ap); 79: Destination Bornholm (ap)

Autorinnen und Verlag haben die Sachverhalte in diesem Buch sorgfältig überprüft. Dennoch können sich Fehler eingeschlichen oder örtliche Gegebenheiten verändert haben. Wir bitten, dies zu berücksichtigen.